DU MÊME AUTEUR

Aux Éditions Gallimard

FAIRE LE MORT, roman

BAUDELAIRE EN PASSANT, essai

LES FANTÔMES DU MUET, essai

UN AMOUR SANS PAROLES, récit

CARNET D'ADRESSES

L'INCONNUE DE LA SEINE, roman. Prix Roland de Jouvenel de l'Académie française 2013

Chez d'autres éditeurs

GAZ À TOUS LES ÉTAGES, nouvelles (Orban)

LES VOLEURS DE VISAGES. SUR QUELQUES CAS TROUBLANTS DE CHANGEMENTS D'IDENTITÉ : ROCAMBOLE, ARSÈNE LUPIN, FANTÔMAS & CIE, essai (Métailié). Prix Fantômas 1992

LE LIEU DU CRIME (La Pionnière)

RÉPERTOIRE DES DOMICILES PARISIENS DE QUELQUES PERSONNAGES FICTIFS DE LA LITTÉRATURE (La Pionnière)

LEÏLAH MAHI 1932

DIDIER BLONDE

LEÏLAH MAHI 1932

enquête

nrf

GALLIMARD

Il a été tiré de l'édition originale de cet ouvrage
vingt-cinq exemplaires sur vélin rivoli
des papeteries Arjowiggins numérotés de 1 *à* 25.

À J.-B. Pontalis

… volontiers je n'écrirais que pour les morts.

BAUDELAIRE

LEÏLAH MAHI . 12 Août 1932.

Je l'ai vu pour la dernière fois en octobre 2012, un mardi, comme mon ancien agenda en conserve la trace. Nous nous sommes retrouvés dans le petit bureau bas de plafond qu'il occupait au dernier étage de la maison d'édition, auquel on accédait par un étroit escalier en colimaçon et qui donnait sur le jardin intérieur, quelques arbres, avec, au fond, le pavillon de la Pléiade. Aux murs, des rayonnages de livres, ceux qu'il publiait, couleur bleu nuit, quelques photos, une affiche. Il avait achevé de prendre des notes de sa fine et minuscule écriture sur les manuscrits empilés à côté de lui, et terminé une de ces cigarettes qu'il fumait en cachette en laissant la fenêtre ouverte même en hiver, mais cela ne trompait personne, et nous étions allés, comme souvent, dans la rue d'à côté, au Bistrot de l'Université. La première table à droite en entrant, dans le recoin, celle qu'il réservait chaque fois pour déjeuner avec ses auteurs et ses amis. Lui, toujours le dos à la vitre. Il paraissait en forme, rassuré. « J'ai vu mon médecin, tout va bien », m'avait-il dit. Il plaisantait, avait un vrai don d'imitateur (il disait souvent qu'il aurait aimé être comédien), et je me souviens qu'il avait encore contrefait ce jour-là avec le plus grand sérieux la voix de Sartre, métallique, tranchante, et celle de Lacan — « je cogite éperdument » — qu'il avait bien connus tous les deux. Les yeux pétillant de malice, sa grande mèche blanche en travers du front.

JB avait l'élégance de l'esprit et des manières. Sa présence était discrète, attentive, affectueuse. Jamais intrusive. Son humour léger. Pudique, il se racontait pourtant volontiers. Nostalgique, mais tout à la saveur du monde présent. Il était doué pour l'amitié.

Il m'avait posé des questions sur mon travail en cours. « Comment s'appelle-t-elle déjà ? » Nous avions parlé de « Leïlah Mahi 1932 » comme j'avais intitulé provisoirement le manuscrit dont je l'entretenais depuis quelques mois et qu'il devait publier l'année prochaine dans sa collection. « As-tu avancé ? » Mais non, justement, cette fois je n'y arrivais pas, j'avais l'impression de tourner en rond, de me répéter, avec cette nouvelle enquête sur un fantôme, encore, celui d'une femme, morte, comme les précédentes, une histoire dans laquelle j'étais réticent à m'embarquer sans savoir où elle me mènerait. « Écrire, c'est se lancer dans une traversée sans boussole », m'avait-il dit. Étais-je condamné à refaire toujours le même livre ? À fouiller à nouveau dans des archives, des bibliothèques, à hanter des cimetières, collectionner des adresses, tracer des itinéraires dans les rues de Paris sur la piste de tous ces disparus, ces acteurs et actrices de cinéma oubliés depuis si longtemps, auxquels j'avais consacré déjà plusieurs ouvrages et, dernièrement encore, à cette « Inconnue de la Seine »... Maintenant, c'était « l'inconnue du Père-Lachaise ». Je ne savais pas par quel bout la prendre. En faire une fiction ? Ou un récit ? Il m'avait juste dit, sans insister : « La prochaine fois, apporte-moi quelques pages, on verra cela ensemble... Disons : après les vacances de Noël. » Ce qui avait suffi à me redonner confiance.

Qui d'autre m'attendait ? Nous étions quelques-uns à savoir que nous n'aurions pas écrit nos livres s'il n'avait pas été là. À nous accueillir dans sa collection hors cadre, en marge des genres, qu'il considérait comme une partie de son œuvre. Chacun se sentait privilégié dans les tête-à-tête. Il nous réunissait parfois pour des séances de lecture en public, nous avions fini par nous ressembler et j'avais compris que son amitié s'enrichissait d'être ouverte et partagée.

Cela faisait une dizaine d'années que, l'air de rien, d'un simple mot parfois, il m'incitait, d'un texte à l'autre, à aller toujours un peu plus loin, à me mettre davantage en jeu. « Pour faire entendre sa voix, il n'est pas nécessaire d'employer le "je", on peut en dire souvent beaucoup plus à la troisième personne », ce qu'il faisait lui-même, par à-coups, dans ses propres livres, en livrant, de biais, les fragments dispersés d'un autoportrait. « Rien n'est jamais acquis, chaque fois, tout est à rejouer », et il se disait toujours aussi démuni et intimidé avant de commencer. Une seule fois, sa demande avait été plus précise. « Là, il faut ajouter un dernier chapitre. Tu triches, tu t'escamotes à la fin comme dans un tour de passe-passe. » Nous avions terminé notre repas par un millefeuille, et nous étions vite allés prendre le café dehors, à l'angle de la rue du Bac, pour pouvoir fumer tranquillement en terrasse, au soleil. C'était encore une belle journée d'automne.

Mais il n'y avait pas eu de prochaine fois. Et, après les vacances de Noël, nous étions tous un peu perdus, au cimetière Montparnasse, immobiles pendant des heures dans le froid glacial et sous la neige qui s'était mise à tomber doucement le jour de son enterrement, auquel nous n'avions pas eu le temps de nous préparer. C'était allé trop vite. Une femme, dans l'assistance, s'était évanouie, que les pompiers étaient venus secourir. Son plus ancien ami m'a dit : « C'est un mauvais coup qu'il nous a fait. » L'assemblée s'était dispersée par petits groupes dans les cafés des environs.

Il était mort le jour même de son anniversaire, le 15 janvier, comme s'il avait choisi la date en déjouant les caprices du hasard, ce qu'il avait souhaité et écrit plusieurs fois lui-même en confiant ce secret qu'il s'était fabriqué dans son enfance. « Curieuse conviction qui me faisait confondre et pour ainsi dire marier la naissance et la mort. » La boucle était bouclée, personne n'y voyait une simple coïncidence. Peut-être était-ce la façon la plus douce d'entrer dans l'ordre du monde. « Comme il a bien fait les choses ! » m'a confié B. quelque temps plus tard. Parmi les « vœux non exaucés (à ce jour) » dont il avait dressé plaisamment la liste dans un de ses ouvrages (« Faire rire aux larmes les spectateurs d'un café-théâtre et qu'ils en redemandent », « Gagner un tournoi de tennis contre un joueur beaucoup plus fort que moi »,

« Avoir connu mon père en jeune homme furtivement indocile »), celui-là aura été accompli.

Je suis resté des mois sans écrire, sauf un article, ici ou là, sur commande. Son dernier livre avait paru au printemps, posthume. J'ai eu beaucoup de mal à le lire, encore plus à le refermer.

Je me suis rappelé que, vingt ans plus tôt, il avait mis fin à la revue qu'il dirigeait avec un dernier numéro consacré à « l'inachèvement ». Et que, lors d'une rencontre organisée à la librairie de la place Clichy, je lui avais demandé, avant de nous quitter, de lire au public nombreux qui était venu l'écouter le passage où il parlait de la statue de Giacometti que l'on peut voir à la fondation Maeght de Saint-Paul-de-Vence, appelée *L'Objet invisible.* Une femme, assise, joint ses mains, longues, effilées, sur un espace vide dans lequel il voyait « ce creux, cette absence qui est en chacun de nous… cet insaisissable que pourtant je tiens et qui me tient ».

Lui aussi aimait la compagnie des fantômes. Pour conjurer la mort qui revenait dans tout ce qu'il écrivait mais dont il répugnait à parler. Il chassait d'un geste de la main une pensée sombre, comme la fumée de sa cigarette, une moue légèrement crispée sur les lèvres. « Laissons cela… Raconte-moi autre chose. »

Et il avait été séduit par les yeux de Leïlah Mahi. Qui n'était pourtant pas une femme dans son genre, pas assez « naturelle » comme celles qu'il aimait, elle était trop maniérée peut-être. « Ça ne devait pas être une femme facile, m'avait-il dit en riant quand je lui avais montré sa photo. Est-ce pour cela que tu l'as choisie ? Pourquoi t'intéresses-tu à elle ? »

Le livre qu'il n'attendait plus est demeuré en chantier. Je pensais alors que j'en resterais là, en abandonnant définitivement cette enquête sur une disparue ouverte depuis trop longtemps, laissée en attente, reprise, combien de fois ? — et à laquelle je ne croyais plus.

Mais la photo de Leïlah Mahi est toujours là, devant moi, dans son cadre, avec ses yeux en noir et blanc, qui me fixent, comme une énigme à déchiffrer. Et comment faire le tri dans cet amas de notes griffonnées sur des carnets au jour le jour, de documents d'archives récoltés à droite et à gauche, d'ébauches raturées, de brouillons interrompus que j'ai accumulés, et que, plus d'une fois, j'ai été tenté de détruire ? Il n'est plus là pour me conseiller, m'indiquer une piste, me relancer, comme par inadvertance. Mais j'ai toujours sa voix dans l'oreille, chaleureuse, un peu étouffée par la fumée de ses cigarettes, et ses questions, lancinantes, en mémoire.

Cette femme, Leïlah Mahi, morte en 1932, qui m'obsédait depuis des années déjà, même si c'était par intermittence, et dont je ne parviens pas à me défaire, je l'ai découverte à retardement, en plusieurs fois, comme un reflet dans un jeu de miroirs.

Cinq ans avant ma dernière visite à JB, j'étais allé au Père-Lachaise sur les traces de Georges Perec dont je venais de relire *W ou le souvenir d'enfance*. C'était un jour de semaine. À l'entrée, sur le boulevard de Ménilmontant, des élèves entouraient leur professeur pour une visite du patrimoine. Je n'étais pas revenu dans ce cimetière depuis que j'avais leur âge, quand je pensais au père Goriot, à Esther Gobseck ou à Lucien de Rubempré que Balzac avait enterrés quelque part par ici et que je finirais bien par trouver, un jour. J'aimais me promener dans leur souvenir. Dans les allées, des touristes, un plan à la main, cherchaient à se repérer entre les divisions, les avenues, les transversales. Ils demandaient les tombes d'Édith Piaf, de Jim Morrison ou d'Oscar Wilde, dans toutes les langues. Les stations obligées d'un musée en plein air. Parvenu tout en haut, au columbarium, j'ai ressenti un changement d'atmosphère, comme si l'air soudain devenait plus lourd, et j'ai passé en revue des milliers de cases qui font de cette enceinte une immense salle des coffres à ciel ouvert, taille standard, scellés dans la muraille. J'ai cherché en vain cet après-midi-là celle de Perec, parcourant en tous sens avec un sentiment de malaise les salles souterraines, les coursives, la crypte, et c'est en arrivant à l'angle de la galerie extérieure, près de la sortie, que j'ai aperçu cette grande photo, rectangulaire, que l'on remarque de loin, et devant laquelle quelques personnes étaient arrêtées. J'ai attendu qu'elles s'écartent pour m'approcher à mon tour et j'ai été aussitôt fasciné par ce visage.

Sa case portait le numéro 5011. Il était inscrit en grand, au pochoir. La gravure, en dessous, à demi effacée, blanc sur blanc, était plus difficile à déchiffrer.

LEÏLAH MAHI 12 Août 1932

Ce n'était pas une pratique courante à cette époque de se faire incinérer, encore moins de mettre son portrait comme pour une exposition. Tout paraissait étrange en elle. Ses grands yeux qui brillaient d'un éclat hypnotique, celui de la passion ou de la folie. Sa pose de femme fatale, provocante, à moitié découverte, presque indécente dans cette nécropole. L'absence de date de naissance. D'où venait-elle ? Comment avait-elle fini ? J'ai voulu la prendre en photo mais j'étais gêné par un reflet de lumière à la surface de l'émail qui déposait comme une buée blanche sur son épaule, que je n'ai pas réussi à faire disparaître. Je me suis assis sur le banc de pierre adossé au mur d'angle, juste à côté. Je continuais d'observer son visage d'ombre et de lumière, pâli, taché de traînées d'humidité, qui brillait à contre-jour en inversant les noirs et blancs. Ce n'est pas seulement sa beauté et son mystère qui me retenaient. Quelque chose m'intriguait.

Je suis revenu me placer devant elle, au plus près, contre la paroi. Cette femme, son portrait plutôt, j'avais l'impression vague qu'ils m'étaient familiers.

Combien de temps m'a-t-il fallu pour la reconnaître ? Trompe-l'œil. Chassé-croisé de regards. Son nom, pourtant, ne me disait rien. Mais ces yeux, cette photographie, je les avais déjà vus. Ce portrait, que je croyais découvrir, je m'en souvenais maintenant, était accroché chez l'un de mes amis, Thomas C., il y avait trente ans peut-être, dans l'appartement qu'il occupait alors rue d'Aboukir, sur le mur qui faisait face à la porte de son entrée, exactement.

Si je l'avais oubliée, peut-être était-ce parce qu'à cette époque j'ignorais son nom, que je l'avais en fait toujours ignoré, je m'en rendais compte maintenant, jusqu'à aujourd'hui, alors que je connaissais son visage depuis longtemps et surtout ses yeux. Thomas, chez qui je l'avais vue pour la première fois, avait fait disparaître sur son tirage l'inscription qui permettait de l'identifier en cadrant la photo à la limite de ses bords. Il s'était livré à un détournement d'image. Pour la rendre anonyme. Non, pas anonyme. Pour lui, elle en dissimulait une autre comme en transparence, une femme qu'il avait aimée, passionnément, m'avait-il raconté, à qui elle ressemblait d'une manière presque hallucinatoire, à l'en croire, comme un sosie, une sorte de double, qui l'avait quitté brutalement, et il avait cru en devenir fou.

Je ne l'avais pas connue, je ne savais presque rien d'elle. Thomas l'avait déjà perdue de vue quand nous nous étions rencontrés plusieurs années plus tard. Il m'avait seulement dit qu'elle s'appelait Rachel. C'est sous ce nom qu'il m'avait présenté la femme au portrait suspendue dans son entrée. Un nom qui lui allait si bien, auquel je m'étais habitué. Comme un pseudonyme.

Pendant quelques années, il avait essayé d'avoir de ses nouvelles. Il avait su qu'elle était allée à Montréal où elle avait eu un enfant, une fille, avec qui elle était partie en Amazonie et en Inde faire des reportages qu'elle présentait ensuite dans des conférences. Il y avait longtemps qu'il avait renoncé. Peut-être était-elle morte, elle aussi. Est-ce qu'il y pensait encore ? Non, il n'avait vécu que deux ans avec elle, en avait mis peut-être dix autres à s'en remettre, mais c'était bien fini, et il n'aurait pas ressorti toute cette vieille histoire et ces photos si je ne lui en avais pas parlé.

« Ce n'est pas seulement qu'elle lui ressemble, ce *sont* ses yeux », m'a-t-il dit quand je suis venu le voir peu après ma visite au cimetière en espérant avoir des éclaircissements. Il n'habitait plus rue d'Aboukir mais avait conservé la photo avec celles de Rachel dans une grande boîte orange qu'il était allé chercher.

Je n'ai pas voulu le décevoir. Oui, Rachel était très belle, elle aussi, la ressemblance n'était cependant pas aussi frappante qu'il le prétendait. Sauf les yeux, peut-être. Cela dépendait des angles de prise de vue, de l'expression du visage, changeante, des ombres, ou de la couleur qui l'éloignait de son modèle en noir et blanc, fané, plus mystérieux. Mais sans doute était-ce aussi simplement parce que moi je ne pouvais pas lui rendre vie par des souvenirs, faire bouger son corps, entendre sa voix, retrouver son parfum. Il me fallait croire Thomas sur parole.

« Et Leïlah Mahi, lui ai-je demandé, sais-tu ce qu'elle est devenue elle aussi ? Tu n'as jamais fait de recherches ? »

Il a froncé les sourcils comme si ce nom le surprenait tout à coup, puis s'est mis à rire, a haussé les épaules.

« Je n'ai pas vraiment essayé. Je préfère m'en tenir à une image. C'est toi le pisteur de fantômes. Tu veux la ranger dans tes collections ? Je te la laisse. Fais-en ce que tu veux. Tu as carte blanche. »

Nous ne regardions pas le même visage. Pour lui, celui du columbarium, rencontré par hasard, n'avait été qu'un portrait imaginaire de Rachel. Il ne l'avait jamais appelé autrement. Comment comprendre cette curieuse substitution ? Une façon de ne pas la perdre tout à fait ? De s'habituer à sa disparition ? L'une avait pris la place de l'autre.

Il s'est encore passé près de trois ans avant que je ne revienne vers elle. Mais l'avais-je vraiment oubliée cette fois ? Il m'arrivait de vérifier que sa photo était toujours là, en réserve, au fond de mon tiroir où je l'avais rangée, comme un secret, un peu inquiet et déjà jaloux. Je ne voulais pas ébruiter mes pensées. Il avait sans doute fallu ce temps pour qu'elle se détache complètement du souvenir et du nom de Rachel qui lui avait volé ses traits, ne soit plus qu'elle-même à mes yeux et que je puisse m'en emparer à mon tour.

J'étais devant un été oisif, sans projet, dans cet intervalle entre deux livres qui me laisse désemparé, injustifié, en déséquilibre au-dessus du vide. Je n'avais pas eu d'autres ressources ces derniers mois que de répondre à des invitations pour un festival, celui de La Rochelle, ou des conférences, à la Cinémathèque et à la Maison des Écrivains. On pensait toujours à moi pour ressusciter le temps d'une projection devant un public clairsemé quelques actrices disparues dans l'indifférence. Qui se souvient de Claude France,

Mary Harald ou Suzanne Grandais ? Je ne suis toujours pas parvenu à dissiper le malentendu qui me fait passer pour un spécialiste du cinéma muet, alors que je ne m'y suis jamais intéressé que pour des raisons strictement personnelles, celles de faire parler les morts. Dans la douce mélancolie du noir et blanc, et du silence.

En désespoir de cause, je m'étais lancé dans de nouvelles recherches à partir d'un vieil album de photos acheté à un bouquiniste chez qui j'allais fouiller régulièrement rue de l'Arbre-Sec. J'avais cru d'abord avoir mis la main sur un trésor. Aucun nom ne figurait à l'intérieur, mon vendeur n'avait pu me fournir aucune indication sur son origine, il l'avait racheté avec tout un lot de vieux papiers, en province. Les photos n'étaient pas légendées, sauf d'une date parfois, ou d'un lieu, au crayon. Mais en le feuilletant, j'avais reconnu certains visages, toujours souriants, ceux de vedettes de cinéma des années trente posant devant de luxueuses voitures, debout près de caméras, assises à des terrasses de café ou sous des parasols près de cabines de bain. Certaines étaient dédicacées à un mystérieux « Jean », sans doute le propriétaire de l'album, un acteur de l'époque lui aussi, peut-être un éternel second rôle, qui apparaissait régulièrement, à ce que je croyais deviner, dans des costumes divers, pantalons de golf, chaussures bicolores, casquette à revers ou en maillot rayé sur des skis nautiques faisant bomber fièrement ses muscles devant l'objectif, mais que je n'étais pas parvenu à identifier. Mes premières démarches aux fonds d'archives Gaumont-Pathé n'avaient rien donné. Il aurait fallu persévérer, mais est-ce que je n'avais pas mieux à faire ? Quel était l'enjeu de cette nouvelle enquête ? Quelques rêveries, avec, au bout, un article dans une revue spécialisée ? Avais-je vraiment envie de consacrer des mois à chercher qui était « Jean » s'exhibant fièrement au milieu de son panthéon personnel ?

J'ai rangé l'album en haut d'une armoire à côté d'autres dossiers, de vieux journaux, pour y revenir un jour, plus tard, peut-être.

Qu'est-ce que j'attendais ? J'ai repensé à Leïlah Mahi qui était là, dans mon tiroir. Et il m'a suffi de voir son regard fixé sur moi pour être troublé à nouveau — mais par quoi ? — et comprendre que je n'avais pas le choix, que j'avais été pris à son piège, que c'était elle qui s'était imposée à moi. On n'écrit pas sans désir.

J'ai glissé la photo que j'avais prise au Père-Lachaise dans un cadre ancien récupéré sur un portrait de famille, elle était bien plus petite que celle que j'avais vue chez Thomas, au format d'une simple carte postale. Je lui ai cherché une place pour l'accrocher au mur bien en vue avant de la poser sur l'une des étagères, devant mon bureau, juste en face de moi, adossée à une rangée de livres. Entre un pot de crayons et une figurine d'Adèle Blanc-Sec.

Leïlah Mahi. L.M. Elle aime. Est-ce une coïncidence si ces initiales amoureuses servent de nom de code aux historiens du cinéma pour désigner la Lanterne Magique ? Qu'est-ce que j'espère voir sur cet écran intérieur ? Qu'est-ce qui me séduit en elle ? Pourquoi elle plutôt qu'une autre ? Est-ce ce type de femme qui m'attire ? Le genre sphinx. Avec son regard par en dessous. Qui vous absorbe. Vous dévore. Fausse distinction. Un peu canaille. L'air de rien.

J'ai beau scruter ses traits, chercher dans ma mémoire, elle ne ressemble à personne que j'ai connu, n'est pas le double masqué d'une histoire d'amour enfouie, ne me rappelle aucun souvenir. Je ne sais rien d'elle, elle n'est rien pour moi, je n'ai rien à dire d'elle que cet éveil du désir. C'est sur ce *rien*, en aveugle, et comme un défi, que je veux écrire.

Les archives de l'Administration sont têtues, elles ne perdent rien. Encore faut-il y avoir accès. Je suis retourné au Père-Lachaise deux ans après ma première visite, en juin 2012, pour essayer d'obtenir des renseignements. Là où s'était terminée son histoire. En commençant par la fin, peut-être avais-je une chance de pouvoir remonter les années. Prendre sa vie à rebours. À part cette photo, quelles traces avait-elle laissées ? Je voulais en avoir le cœur net.

Au service de la conservation, les bureaux d'accueil étaient occupés par des visiteurs. Une vieille femme déposait une réclamation, elle se plaignait qu'on dégrade sa tombe. À chacune de ses visites, elle trouvait des pots de fleurs posés sur la dalle. « De belles fleurs, toujours fraîches… mais quand même, c'est ma tombe, vous comprenez. Enfin, celle de mon mari… Il doit y avoir une erreur… Vous devriez mieux surveiller. » Était-elle en train de découvrir, sans oser se le dire, que son mari avait eu une vie secrète ? Quand une place s'est libérée, je me suis assis devant une jeune employée, une stagiaire embauchée pour l'été. J'ai prétexté un travail historique en demandant à pouvoir entrer en contact avec le concessionnaire de la case 5011. Le mot concessionnaire m'a paru incongru. Il évoquait une entreprise de commerce. Sans s'inquiéter davantage du motif de mes recherches ni me demander qui j'étais, la jeune employée a voulu se montrer aimable et compétente, elle a pianoté aussitôt sur son ordinateur, en tâtonnant un peu, a pris un crayon et commencé à recopier les renseignements sur une fiche. Je pouvais lire, à l'envers : « Décès le 12 août. Incinération le 14. » Elle consultait son écran. Était-ce si simple ? Un nom et une adresse, c'était tout ce qu'il me fallait.

C'est alors qu'une femme plus âgée s'est approchée depuis le fond de la salle, la conservatrice en chef sans doute, qui surveillait ses employées par-derrière. Elle a pris le papier des mains de la jeune fille, a rajusté ses lunettes.

« Vous êtes de la famille ? m'a-t-elle dit d'un ton si sec que toutes les têtes se sont tournées vers nous. Nous ne sommes pas un bureau de renseignements. » Et, à l'intention de son employée à laquelle elle a jeté un regard réprobateur : « Nous ne communiquons aucune information de nature personnelle. » Par un surcroît de précaution, elle a chiffonné le papier en une boule qu'elle a conservée serrée dans son poing. Avec elle, les morts étaient bien gardés. Ayant sauvé la situation, elle s'est radoucie, m'a conseillé d'écrire à la direction des services d'archives de Paris, en justifiant ma démarche. « Vous pouvez faire valoir un titre ? Vous êtes universitaire, peut-être ? » Les choses rentraient dans l'ordre. Elle m'a remis une petite carte sur laquelle figuraient toutes les coordonnées. Elle a encore ajouté : « Ne soyez pas trop pressé. Ils sont submergés par les demandes. Les gens semblent s'être pris de passion pour la généalogie. Cela peut prendre du temps. Mais on vous répondra.» J'ai cru percevoir de l'ironie dans son sourire.

Elle avait tort. Je sais être patient. Je peux attendre pendant des heures — ou des années — aux rendez-vous que je me suis fixés.

En sortant du bureau, je suis remonté jusqu'au columbarium. Une cérémonie venait de se terminer, quelques personnes sortaient de l'édifice, se dirigeaient lentement par petits groupes silencieux sur le côté du bâtiment pour rejoindre la salle d'attente du crématorium pendant qu'une des hautes cheminées s'était mise à fumer.

La galerie était déserte. J'ai été frappé à nouveau par l'inscription qui ne portait qu'une seule date. 12 Août 1932. Était-ce la seule qui importait, dont il fallait se souvenir, parce qu'elle fixait définitivement les choses? Elle la faisait mourir sans âge. Il manquait celle de sa naissance, comme si elle avait été effacée — à moins qu'on ne l'ait seulement ignorée — mais qui ne lui laissait plus qu'une demi-vie. Je voulais lui rendre cette partie d'elle-même. Sa moitié d'ombre. Quelle enfance, quelles origines lui avait-on retirées? Est-ce elle qui avait cherché à les oublier, ou à les dissimuler? La photographie aussi était sans date. Peut-être était-elle morte bien plus âgée que ne le disait son visage. On avait pu la rajeunir dans un corps glorieux. À quel âge les morts ressuscitent-ils? Au milieu de leur vie? *Nel mezzo del cammin di nostra vita?*

Non, décidément, elle ne ressemblait pas aux autres. Sur les médaillons qui l'entouraient, les photos, quand il y en avait, ne faisaient que redire les noms, autrement. Des photos souvenirs. Ou des portraits-robots. Bertillon avec son anthropométrie judiciaire était passé par là. La sienne disait autre chose, elle commençait déjà à raconter une histoire. Mais laquelle ? D'où venait cette impression d'étrangeté ? C'était peut-être dans ce simple geste de la main. Ailleurs, on ne voyait jamais de mains. On ne sait jamais quoi en faire, où les mettre. Elles embarrassent les peintres et les photographes. Sa main à elle esquissait un mouvement. Tout se passait comme si, l'instant d'avant, elle s'était levée, tendue, puis brusquement repliée, accrochant au passage son collier, en suspens. Elle me faisait signe.

J'ai voulu refaire la photo, une nouvelle fois, après avoir pris soin de nettoyer avec un mouchoir en papier les taches de moisissure et de rouille qui s'étaient déposées sur l'émail légèrement bombé. Je m'étais muni d'un petit parapluie pliant, en mauvais état, pour faire écran au reflet de lumière qui n'était pas visible à l'œil nu mais apparaissait sur le verre dépoli de mon viseur. Rien n'y faisait, j'avais beau varier les positions, me contorsionner, mon appareil d'une main, de l'autre le parapluie que je levais le plus haut possible, inclinais vers le sol, collais contre le mur ou contre l'objectif, tous mes efforts restaient inutiles, la traînée blanchâtre revenait immanquablement se plaquer sur son épaule comme une tache indélébile. Le soleil, très haut à cette heure-ci, ne pouvait pourtant pas pénétrer sous la voûte de la galerie qui restait dans l'ombre. Je ne suis pas parvenu à comprendre d'où provenait cet étrange phénomène optique. On aurait dit qu'un voile se déposait sur elle pour la rendre inviolable. Est-ce qu'un vieux règlement ne défend pas de photographier dans les cimetières ?

Je m'apprêtais à partir quand un homme, dissimulé jusque-là par un pilier et qui devait m'observer depuis un moment, s'est dirigé vers moi.

Il était chauve, tout en rondeur, curieusement accoutré, avec de grosses lunettes de soleil, un gilet bariolé sous un costume clair à larges rayures bleues et blanches, un nœud papillon, et tenait un dossier sous le bras. Il a jeté un coup d'œil sur mon appareil photo et le parapluie dont la toile s'était déchirée, que j'étais en train de refermer avec difficulté.

« Vous faites partie de ses admirateurs, vous aussi ? » m'a-t-il dit avec un large sourire ponctué d'un petit rire. Sa remarque m'a mis mal à l'aise. De quels admirateurs parlait-il ? J'avais l'impression de m'être fait surprendre en flagrant délit.

J'ai rangé mon matériel dans mon sac. Peut-être s'agissait-il d'un de ces guides clandestins qui parcourent le cimetière à la recherche de clients. Son air ne m'inspirait pas confiance, j'étais gêné par ses lunettes qui m'empêchaient de voir distinctement ses yeux, j'avais envie de lui fausser compagnie, mais je me trompais peut-être, il n'y avait rien d'hostile en lui. Je me demandais ce que contenait son dossier. Était-il chargé de monter la garde par ici ? Je me suis ressaisi, j'ai fait un effort pour surmonter mon trouble et engager la conversation. Est-ce qu'il la connaissait ? Peut-être savait-il quelque chose à son sujet qui pouvait me mettre sur une piste.

Il a fait encore quelques pas vers moi, a ébauché un geste vague, sa peau était luisante, il avait le souffle court. Je me suis reculé, instinctivement. Non, personne ne savait rien sur elle, m'a-t-il dit, c'était l'énigme du Père-Lachaise. Il avait fait des recherches, il y a quelques années, sans résultat. Mais on s'intéressait beaucoup à elle ces derniers temps. Des rôdeurs, qui lui tournent autour. L'année dernière, sa plaque avait disparu, on l'avait descellée, cela avait laissé des marques, là, ces éraflures, sur les bords, vous avez remarqué. Et un mois plus tard, un gardien l'avait retrouvée dans une haie à l'autre bout du cimetière. Heureusement, elle n'avait pas été cassée. Personne n'avait rien compris à cette histoire. Des maniaques, certainement. À quoi s'étaient-ils amusés ? Est-ce qu'on sait ce qui passe par la tête de gens comme ça. On devrait mettre des caméras de surveillance, vous ne trouvez pas. C'était plein de personnes bizarres par ici, la nuit surtout, qui faisaient des choses pas très correctes. On dirait qu'elle les attire.

Il s'est approché de la plaque, a tendu la main, il portait des gants, malgré la chaleur, l'a frôlée du bout des doigts. Elle est belle, n'est-ce pas ? Et, toujours avec son sourire, il a ajouté en me montrant des fleurs, toutes sèches, contre le mur : « Tenez, là, par terre, ce petit bouquet, ça ne peut être que pour elle. »

Je me suis senti dépossédé. Je croyais être le seul, et j'étais soudain ramené au rang d'« admirateur » parmi d'autres. Qui étaient-ils ? Il m'avait suffi de taper le nom de Leïlah Mahi sur internet pour apprendre qu'elle était signalée parmi les « plaques remarquables » du Père-Lachaise et découvrir avec dépit les messages que s'échangeaient des blogueurs répétant, eux aussi, leur fascination. Bien au-delà du cercle des Parisiens habitués du lieu. Il y en avait des dizaines. Certains venaient d'Angleterre, d'Allemagne, de Belgique, des Pays-Bas, d'Amérique, du Japon même. La plupart se contentaient de poster sa photo — toujours marquée d'une tache claire sur l'épaule gauche.

« *Nobody seems to know who she was, but many have photographed her picture.* J. Evan Kreider (Vancouver, Canada). »

« *The name Leïlah Mahi (presumably in the acting profession, but she seems famous more for her lack of fame) didn't ring any bells, although I felt the need to include her because she tries so hard to be someone in this photo.* Tony Shaw (Nottingham, Royaume-Uni). »

Son visage était devenu celui d'une icône, une image culte, multipliée, tombée dans le domaine public. Tagué « article de Paris », souvenir du Père-Lachaise, entre Isadora Duncan et Maria Callas. Son nom, peut-être, figurait dans des guides touristiques. Chacun croyait pouvoir se l'approprier. On se l'échangeait comme un mot de passe ou une bonne adresse. Quel droit avais-je à faire valoir ? Je n'avais pas envie d'ajouter mon nom à la liste.

Après un moment de désarroi, j'ai passé en revue tous les messages. Leurs auteurs manquaient d'originalité, ils s'interrogeaient sur sa vie restée muette, se demandaient comment cette femme aux allures de star avait pu disparaître dans un quasi-anonymat, mais aucun ne semblait avoir percé son mystère. Rien sur sa date de naissance, ni sur les causes de sa mort, sauf de vagues suppositions. La même question revenait sans cesse : « Qui est Leïlah Mahi ? »

Un blog lui était même consacré. Alimenté depuis une dizaine d'années, il faisait état des recherches à son sujet. C'est ici que commençaient ses vies parallèles.

Parmi tous les témoignages, celui du « promeneur du columbarium » a retenu mon attention. Son auteur rapportait la rencontre, devant la case 5011, vingt ans plus tôt — ce qui me ramenait presque à ma propre histoire et à l'époque du faux portrait de Rachel exposé rue d'Aboukir — d'un « type bizarre arborant des favoris et des moustaches à la Dalí, parlant très vite avec un accent des faubourgs » qui lui aurait raconté l'histoire de « la si belle et si mystérieuse Leïlah Mahi, crématisée en pleine jeunesse un jour de l'été 1932 ».

À l'en croire, il s'agissait d'une danseuse indo-britannique venue à Paris pour présenter dans un théâtre des Champs-Élysées des danses sacrées hindoues. Son amant, qui l'avait accompagnée dans son voyage, l'avait surprise, un soir, en train de le tromper avec « un riche protecteur ». Particulièrement jaloux et possessif, l'amant les avait tués de deux coups de revolver. Avait suivi un procès aux assises. La famille du « riche protecteur » assassiné était parvenue à étouffer le scandale de ce crime passionnel, ce qui expliquait que la presse n'en ait pas parlé à l'époque. Le meurtrier, condamné à vingt ans de travaux forcés et expédié au bagne de Saint-Laurent-du-Maroni, en Guyane, était mort de la malaria peu de temps après, son corps jeté à la mer avait nourri les requins, comme c'était l'usage.

Le « promeneur du columbarium » restait pourtant lui-même sceptique devant ce trop beau fait divers que rien ne venait attester, il terminait son message en posant la même question : « Qui était vraiment Leïlah Mahi ? »

J'avais l'impression de lire le dernier épisode d'un vieux roman populaire, *L'Envoûteuse* ou *La Belle Ténébreuse*, un de ces mélos à succès qu'auraient pu écrire Jules Mary ou Georges Ohnet, sur mauvais papier mais avec sa photo coloriée en couverture. Leïlah Mahi imaginée en « danseuse hindoue » était dans l'air du temps. Sa carrière interrompue ressemblait à celle de ces « commères » ou « danseuses à transformations » qui avaient débuté sur les scènes des

Menus-Plaisirs, de Ba-Ta-Clan ou de L'Eldorado, prêtes à tout pour réussir, et que j'avais beaucoup fréquentées, moi aussi, au cours de mes recherches antérieures, dans les coulisses des années dix ou vingt. Figurantes chez Gaumont ou dans des revues de music-hall. Des princesses orientales de contrebande, originaires d'Annam, du Liban, de Bessarabie — à moins que ce ne soit de Montmartre. Qu'un « riche protecteur » installait rue Fortuny, dans le quartier des grandes horizontales, Léonide Leblanc, Caroline Otero ou Geneviève Lantelme. Elle aussi avait pu fasciner le public parisien en jouant les femmes-serpents, Salomé, Cléopâtre et Salammbô. Les yeux bistrés, la peau cuivrée, nue sous un voile de gaze, lisse sous toutes les coutures, des bracelets d'esclave aux poignets et des pierres de lune aux chevilles. Avant de finir « revolvérisée » par un amant jaloux, pourquoi pas ? Son portrait en danseuse assassinée cristallisait l'imaginaire d'une époque. On n'avait pas oublié Mata Hari, ni Jack l'Éventreur. Son destin, bien sûr, ne pouvait avoir été que tragique. Une héroïne de fait divers, peut-être, mais dont les péripéties restaient introuvables dans les annales du temps. Le dernier chapitre d'un roman, qui ne valait pas pourtant à mes yeux une simple pièce d'état civil. Avec sa date de naissance.

J'ai repensé à mon faux guide au nœud papillon qui n'avait rien découvert, lui non plus. Je n'arrivais peut-être pas trop tard. L'enquête restait ouverte.

Il me suffit de lever les yeux pour la voir, dans son cadre doré, encore vierge de sa propre vie, dans les limbes, un pur miroir. Non, personne n'y a touché. Elle reste intacte. Elle a découragé ses admirateurs. J'ai déjà trop rêvé sur elle pour renoncer. Elle me laisse une chance. Je passerai devant les autres.

À dire vrai mon imagination ne m'entraînait pas seulement dans ce genre d'expertises. Il ne s'agissait pas que d'enquête, de rivalité, ni de dépit. J'avais été troublé d'une autre façon, plus insidieusement, par cette histoire de plaque descellée et de maniaques un peu pervers qui se laissent séduire par une morte, en bijoux et à moitié nue, dans les recoins d'un cimetière. À quels jeux se livrait-on la nuit derrière ces murs ? Pourquoi s'en étaient-ils pris justement à elle ? Elle libérait des fantasmes, et des moins avouables, circulait, de main en main, on se l'échangeait. Son visage avait un côté androgyne. Le nez un peu fort, masculin. Et si c'était un travesti ? Sa pose, nonchalante, désinvolte, contredisait l'éclair de son regard et lui donnait aussi bien l'air d'une *fille* qui se présentait au choix dans une maison de passe, l'œil en coin. On venait là faire l'amour en bande ou à la dérobée. Quelques prostituées stationnaient dans les alentours du cimetière, leur terrain de chasse. Fétichisme, érotisme noir, racolage nocturne, voyeurs masqués, frissons des désirs interdits. Est-ce que je me reconnaissais dans cet imaginaire ?

Je me suis mis à faire d'étranges rêves, plusieurs fois par nuit, presque toujours les mêmes, qui me laissaient épuisé. La galerie du columbarium était devenue pour moi un théâtre mental, celui du *lieu du crime*, dans lequel déambulait un petit clown difforme, chauve et boiteux. Son pas inégal claquait sur le dallage. J'étais assis sur le banc de pierre près du mur. Il passait devant moi en riant nerveusement : « Vous montez la garde ? » me disait-il, la décrochait, comme un simple tableau, la prenait sous son bras, s'éloignait en traînant sa jambe raide, et j'entendais son rire continuer de résonner en écho dans la galerie. Je me précipitais derrière lui, nous nous battions, il s'étouffait, son cou se gonflait, ses veines saillaient, j'avais vite le dessus. Je finissais par lui arracher la plaque. Je remarquais alors que Leïlah Mahi portait un loup noir. L'un de ses seins d'une blancheur éclatante était découvert. Elle me souriait, se détachait de sa propre image, se pressait contre moi, m'enlaçait, je sentais son souffle sur ma joue, mais ses yeux bientôt se retournaient, devenaient aveugles, transparents, et ses soupirs ressemblaient à un gémissement, puis à un râle. Malgré tous mes efforts pour la retenir — mais n'était-ce pas moi qui l'avais étranglée sans y prendre garde ? — elle m'échappait, glissait par terre, et se brisait à mes pieds en mille éclats de verre.

Même en plein jour, j'étais harcelé d'images qui me saisissaient brusquement et que je ne parvenais pas à chasser de mon esprit. Je la voyais, dans son cadre, avec un long couteau enfoncé en travers de la poitrine d'où suintait un mince filet de pus sans que cela paraisse l'affecter. Parfois, ce n'étaient que des gros plans, son épaule striée de griffures, une orbite énucléée. Ou bien elle était nue, allongée sur une paillasse de la morgue où elle venait d'être autopsiée, ouverte de la gorge au pubis, avec les mêmes yeux, grands ouverts, qui me contemplaient fixement.

Le dossier dans lequel j'ai classé la correspondance échangée avec différentes administrations contient la première lettre que j'ai reçue à ce moment-là en réponse à celle que j'avais envoyée après ma visite à la conservation.

Mairie de Paris
Direction des Espaces Verts et de l'Environnement
Service des Cimetières
Paris, le 8 juillet 2012

Monsieur,

À la suite de votre demande du 2 juin dernier, je suis au regret de ne pouvoir vous communiquer les coordonnées postales du concessionnaire de la case de Madame Leïlah MAHI. En effet, les informations contenues dans les dossiers des concessions funéraires sont couvertes par le secret de la vie privée. L'administration n'a pas le droit de les communiquer à des tiers, fussent-ils des amis ou des connaissances (article 6 – II de la loi n° 78-753 du 17 juillet 1978).

En revanche, si vous le souhaitez, et en espérant que l'adresse que nous avons est toujours valable, mon service peut transmettre de votre part un courrier au concessionnaire, libre à cette personne de vous répondre ou non. Il vous appartient donc de me faire parvenir une lettre que je lui ferai suivre.

Veuillez agréer, Monsieur, l'assurance de ma considération distinguée.

Pascal-Hervé D.
Chef du Service des Cimetières

Quelle raison pouvais-je invoquer pour ne pas paraître un intrus ni éveiller sa méfiance ? Je ne voulais pas perdre une chance, si minime fût-elle. Après un premier échange, je pourrais toujours revenir vers lui pour obtenir d'autres renseignements. Dans la lettre que j'avais rédigée à l'intention du concessionnaire, je m'étais présenté comme un photographe travaillant sur les médaillons funéraires, abandonnés, dégradés, que je rencontrais au cours de mes promenades dans les cimetières, et je lui demandais l'autorisation d'utiliser celui de Leïlah Mahi dans une prochaine exposition. Avant que son visage, pâli, lentement défiguré, ne meure une seconde fois.

Les premiers renseignements que j'ai pu obtenir ne sont pas venus d'une de ces administrations qui restent cadenassées à double tour. Je poursuivais mes investigations en explorant toutes les voies quand, sur un site de librairie ancienne, j'ai découvert qu'une certaine Leïlah Mahi était l'auteur de deux livres. S'agissait-il bien de la même ? Les dates de publication semblaient concorder, ainsi que celle de son décès donnée sur la notice. J'en ai conclu que ses admirateurs n'avaient pas poussé très loin leurs recherches. Rien à voir avec la danseuse orientale du moustachu à la Dalí. À moins de lui supposer une double vie. Ou une reconversion. Ce qui n'était pas à exclure. Est-ce la photo ou le nom qui était trompeur et m'avait lancé sur une fausse piste ? Cela ne s'accordait pas à ce que j'attendais, à ce que j'avais rêvé. Échange de rôles. La réalité était plus surprenante que la fiction. Leïlah Mahi n'était pas une inconnue. Elle n'avait pas disparu sans laisser de traces. Elle avait été une « femme de lettres ».

Ces deux livres sont des romans, épuisés depuis longtemps, qu'elle aurait écrits peu avant sa mort. *En marge du bonheur*, en 1929, et *La Prêtresse sans dieu*, en 1931. Jamais réimprimés, ils sont référencés dans le catalogue de la Bibliothèque nationale de France où ils ne sont disponibles à la consultation que sur microfiches. J'ai préféré me les procurer dans des exemplaires sur papier en les commandant au bouquiniste en ligne. Malgré leur faible intérêt littéraire, je les ai lus et relus jusqu'à en connaître des pages entières presque par cœur, et les ai rangés à côté de sa photo, sur l'étagère.

Ils ont été publiés aux éditions Louis Querelle, installées rue Cambon, disparues en 1938 ou 39. Le catalogue, en quatrième de couverture, montre que leur directeur a su, durant leur brève existence, s'attacher quelques personnalités prestigieuses de l'époque : Rachilde, Titaÿna, Willy, Mayol. Le fonds n'a pas été repris. Il a dû être envoyé au pilon. Aucune archive n'a été conservée qui me permettrait d'obtenir d'autres renseignements sur les auteurs de la maison. Personne ne semble savoir qui était Louis Querelle, ni ce qu'il est devenu.

L'exemplaire de *La Prêtresse sans dieu* que j'ai reçu est un tirage de tête, il comporte une dédicace qui occupe toute la page, d'une écriture large mais très mal formée : « À Monsieur Vladimir Zarnitzky (est-ce bien ce nom, difficile à déchiffrer ?), qui connaît déjà toute l'histoire, cordialement, Leïlah Mahi. » Ce devait être un ami, ou un critique. La formule, à la fois personnelle et convenue, peut faire hésiter. Elle paraît souligner la dimension autobiographique que l'on devine à la lecture. Dans tous les cas, le dédicataire n'a pas honoré l'hommage puisque les pages ne sont pas coupées jusqu'à la fin du volume.

Les deux romans ne forment qu'un seul récit, presque sans interruption, à la première personne. La narratrice s'appelle Claudia. Cheveux courts, c'est une de ces « garçonnes » popularisées par le roman de Victor Margueritte, en 1922. Elle a « un peu plus de trente ans, et beaucoup moins de quarante », ce qui semble correspondre à la photographie du columbarium. Sa vie est celle d'une mondaine oisive, tout occupée d'elle-même. Elle se compare de manière un peu grandiloquente à une « prêtresse sans dieu dans le temple vide de l'amour ». Ruptures, réconciliations, petits jeux équivoques de la séduction et du désir, à deux, à trois. Elle cherche à fuir sa mélancolie, son ennui, ses déboires sentimentaux d'un lieu de villégiature sur la Riviera ou la côte normande au petit salon aux volets clos de son domicile parisien, qu'elle appelle « l'antre du rêve », où l'attend, près du divan, sur une table chinoise laquée, une pipe d'opium, sa consolatrice. « Je me sens misérable, écrit-elle, humiliée : pauvre poupée de chiffon, tripotée, de mains en mains, que l'on prétend parfois aimer, ou que simplement on désire. » N'est-ce pas l'image que donne la vie posthume de son auteur ? Une confession désabusée, plaintive. Je n'avais pas besoin de chercher ailleurs la vie à peine transposée de Leïlah Mahi.

Il s'agit d'un premier roman. L'histoire se répète, avec beaucoup de dialogues, mais l'écriture est tenue, poétique, et j'ai retrouvé parfois l'atmosphère des nouvelles de Paul Morand ou de certains romans de Colette. L'abbé Bethléem, censeur des lettres dans sa *Revue des lectures*, le classe dans la « catégorie 2 », celle des « romans dont les personnes suffisamment averties pourraient se permettre la lecture moyennant des raisons proportionnées ». Lui d'habitude si sévère dans ses prescriptions m'a paru cette fois faire preuve d'indulgence. Certaines scènes sont très érotiques — on fait l'amour sur la plage, nus, au soleil, ou sur les coussins en cuir de la « 11 CV » — mais c'est l'obsession de la vieillesse et de la mort qui m'a frappé en pensant à sa fin prématurée. « Que deviendras-tu, écrit-elle en se dédoublant, toi qui n'as vécu que pour l'amour, quand tu ne seras plus assez jeune, quand tu ne seras plus assez belle pour être aimée ? » « Ce qu'il faudrait, c'est n'avoir jamais été », dit-elle un peu plus loin. Là encore, je pense à la plaque funéraire sur laquelle est effacée sa naissance. Une simple coïncidence ? Au centre du livre, Claudia tombe en syncope, qu'elle décrit comme une expérience du néant. Elle rêve d'un suicide à deux, minutieusement préparé, dans lequel elle entraînerait Alain, son amant, marié, trop négligent. Est-ce la conclusion qu'elle a choisie pour elle-même ?

Le titre *La Prêtresse sans dieu* avec son odeur d'encens et son arrière-plan d'ésotérisme s'adaptait, comme une légende, à la photo. Peut-être y avait-elle songé en prenant la pose. S'agissait-il d'un cliché destiné à la presse, pris à l'occasion de la publication du roman ? Il aurait pu être placé en frontispice. Pourtant le contenu du volume démentait ce que le nom de Leïlah Mahi semblait promettre. Il n'y avait rien d'oriental dans cette intrigue minuscule entre « Claudia » et « Alain », ni dans ces personnages de rencontre — plus souvent des Russes blancs, des Américains, des Argentins, tout un milieu cosmopolite qui fréquentait les boîtes de jazz ou les salons de thé. L'auteur n'avait d'exotique que son nom, qui brillait comme un pseudonyme.

Mahi est un nom très répandu aujourd'hui. Même à Paris, on le trouve porté par des dizaines de personnes qui figurent dans l'annuaire. J'en ai dressé la liste avec leur adresse et leur numéro de téléphone. Parmi eux, se trouve peut-être l'un de ses descendants avec qui je pourrais prendre contact. Est-ce le nom du concessionnaire de la case ?

Le prénom Leïla est également usuel. Que ce soit en arabe ou en hébreu, il signifie « la nuit ». On le trouve sous les formes Layla, Laila, Laïla ou Leilla. C'est l'un des plus fréquemment portés par les jeunes Maghrébines. Certains historiens lui donnent une origine persane. Leïla est une « femme de la nuit », ou, plus précisément, « du crépuscule ». Il n'indique aucune appartenance religieuse. Leïlah Mahi peut être aussi bien musulmane, juive que chrétienne. Ou sans religion. L'incinération était interdite à la plupart des croyants.

Ce qui m'a intrigué est sa graphie qui ne comporte habituellement jamais ce petit *h* final, silencieux, comme dans le sien. Je n'y avais pas même d'abord prêté attention.

(Qui, aujourd'hui, connaît l'orthographe exacte des noms de Remy de Gourmont ou de Valery Larbaud ?) C'est son signe distinctif. Un schibboleth. Cela m'a permis d'être sûr que la « femme de lettres » n'était pas une homonyme.

Est-il la désinence, presque invisible, du pseudonyme ? Ou un simple besoin de se singulariser ? (Comme celui de Pierre Louÿs, son contemporain, dont elle a pu s'inspirer.) Elle aurait choisi pour signer ses livres un nom qui ressemble au sien — presque le sien — et n'en diffère que par écrit. Un pseudonyme muet.

J'ai posé la question à une amie linguiste spécialiste de l'arabe. Le *h* de son prénom est, paraît-il, une transcription française de la prononciation dialectale propre aux pays du Moyen-Orient. Contrairement à ce que j'ai d'abord pensé, Leïlah Mahi n'est pas originaire du Maghreb. Elle vient de plus loin.

Quai de Tolbiac, Bibliothèque nationale de France. Tout est conservé par le dépôt légal derrière ces hautes murailles de verre et au long de kilomètres de rayonnages souterrains. Mémoire de papier et d'écrans. Dédale des cotes. C'est un bureau des disparus.

Les grandes portes-fenêtres du hall étaient ouvertes sur la terrasse où des étudiants fumaient une cigarette au soleil. Ils profitaient des vacances d'été pour achever une thèse ou préparer un concours. Qu'aurais-je pu répondre si l'un d'entre eux m'avait interrogé sur les raisons de ma présence ici ? Me prendrait-on moi aussi pour un maniaque, même si c'est d'un autre genre que ceux qui hantent, la nuit, les allées du Père-Lachaise ? J'enquêtais sur un rêve.

Je me suis livré à une première vérification par acquit de conscience en consultant le catalogue général. Chaque auteur possède une « notice d'autorité de personne » qui permet de l'identifier « sans ambiguïté », est-il précisé, avec, au moins, les dates de sa naissance, éventuellement de son décès, sa nationalité, sa profession et, le cas échéant, son pseudonyme. Leïlah Mahi y figurait bien, elle était présentée comme « française », « femme de lettres », aucune mention n'était faite d'un pseudonyme, et seuls ses deux romans étaient répertoriés. Elle ne semblait donc pas avoir écrit d'autres livres. Mais la rubrique « naissance » restait incomplète, une fois de plus, comme en suspens : « 19.. ? » Une date de naissance provisoire donnée comme celle d'une mort, en attente. Avec un point d'interrogation, un peu menaçant, et redondant. Pourquoi, d'ailleurs, ces deux premiers chiffres qui la faisaient naître au début du vingtième siècle plutôt qu'à la fin du précédent, ce qui, si je me fiais à l'âge approximatif de son portrait, était plus probable ? Où irais-je chercher ce que l'« autorité » de ces banques de données prétendument infaillibles ignore ? Et comment croire même alors avec certitude qu'elle était « française » ? À l'évidence, ici aussi on ignorait tout à son sujet.

J'ai réservé une place en salle X, celle des catalogues et bibliographies, pour consulter en mezzanine les Didot-Bottin conservés sur microfilms. Il existe dans leurs collections un répertoire par rues, un autre par professions, un dernier alphabétique, celui par lequel j'ai commencé mes investigations. « Annuaire officiel des abonnés au téléphone. Région de Paris. Année 1932. » Méthode policière. Je suis un détective de la mémoire.

Il m'a fallu quelques minutes pour maîtriser le maniement toujours capricieux de l'appareil, régler la netteté de l'image, chercher la page. Et si, une fois encore, me disais-je avec une excitation fébrile, elle s'était évaporée, sans laisser de traces. Un nom aussi volatile qu'une rumeur. Mais non, elle était, là, à sa place, et j'ai lu, avec un petit serrement au cœur : « MAHI (Mme L.), av. de Wagram, 24 (8è) CARnot 99.93. »

J'avais plus de chance qu'au bureau de la conservation. Pas de censure ni de privilège. Elle avait été fichée, comme tout le monde. Un certificat d'existence qui l'assignait dans son lieu de résidence. Cette fois, elle n'avait pas déjoué le système de contrôle. Les pistes se recoupaient. Je l'avais débusquée chez elle où, mieux que dans sa case du columbarium, je la retrouvais. L'adresse donnait accès à l'invisible, fixait un lieu à l'absence. Elle me permettait de remonter le temps. C'était là qu'elle avait vécu. Avenue de Wagram, Ouest parisien, dans les beaux quartiers. Il m'arrivait encore de l'emprunter. Le décor m'était familier. Avec un petit sentiment d'exaltation, j'ai relevé le nom des autres occupants de l'immeuble, au même numéro :

Brun, J.
Courty, L.
Loiseau, A. Maroquinerie-Voyage
Marie-Laure. Professeur
Perreux, Myguette. Couturière
Sacerdote, H.
Simone-Simon. Modes
Thiébaut, P.

Enquête de voisinage. Ses témoins. Ils l'avaient tous connue, lui avaient parlé en la croisant dans l'escalier, certains étaient peut-être ses amis. Elle avait pu acheter un sac à main chez « A. Loiseau », un chapeau cloche à

« Simone-Simon » — deux boutiques occupaient donc le rez-de-chaussée, de part et d'autre de l'entrée — ou confier un travail de couture à Myguette Perreux...

Dans ses romans, Claudia décrivait l'appartement, situé au troisième étage, dont je pouvais redessiner la configuration, avec ses meubles et ses bibelots. Elle était allongée, en kimono, sur un divan. Elle sonnait sa petite bonne, Elsa. Lumières bleues, mauves, rouges des lanternes chinoises. Un bouddha cambodgien posé sur le bahut laqué à côté d'un éléphant de bronze et de la statuette du dieu « Otaï ». Elle remontait l'avenue pour faire « chaque matin, sa promenade habituelle, au Bois », de l'autre côté de la place de l'Étoile. Ou se rendait à pied dans le salon de thé du Claridge, rue François-Ier. Un soir, pour un cocktail, elle avait engagé un « nègre » de Montmartre qui était venu chanter des airs américains accompagné d'un banjo. Est-ce que les voisins se plaignaient du bruit pendant ses soirées ? La « 11 CV » d'Alain, en visite, était garée en bas de l'immeuble... Je pouvais annoter le texte dans ses marges, l'adresse donnait au personnage une réalité, même vacillante. À mon tour je me laissais prendre au piège de l'imaginaire. Le plan de Paris d'une main, son mode d'emploi d'une autre. Je lisais l'annuaire comme un roman, à vérifier sur place. Et ses livres comme sa vie. Les mondes s'interpénétraient. Tout était vrai.

L'adresse et le téléphone. Un autre mot de passe pour entrer chez elle et la rejoindre. Le sien était : Carnot 99.93. J'ai poursuivi mon travail de routine, il ne fallait rien négliger. Ce n'était pas un numéro de fiction. Il me mettait en communication avec un au delà bien réel. Autrefois, mais ici. En ligne directe avec le passé. Dans un épisode de *La Prêtresse sans dieu*, Claudia voulait téléphoner à l'ancienne maîtresse d'Alain, soupçonnant qu'elle continuait à le voir à son insu. Le dandy menait double — ou triple — vie, entre sa femme et ses amantes, qu'il désespérait autant les unes que les autres, sans parler de sa voiture qui était peut-être sa seule véritable passion. Scène de jalousie. Crise de nerfs. Larmes. Elle décidait d'avoir une explication avec sa rivale, Mme Woold. « D'un grand geste énergique, écrivait-elle, j'ai ouvert l'annuaire du téléphone pour y chercher "son" numéro. Le voici ! »

Le numéro de « Mme Woold » figurait bien dans le roman. WAG. 10.17. Pourquoi ce numéro et pas un autre ? Comment la romancière l'avait-elle choisi, ou inventé ? S'agissait-il d'un faux numéro, postiche, celui de l'horloge parlante ? L'indicatif le localisait dans le même quartier. Wagram. Il n'y avait pas de hasard. En lisant le livre, j'avais d'abord cru qu'elle avait donné le sien propre, par prudence. Un lecteur aurait pu avoir la tentation de le composer. Sur qui serait-il tombé ? Maintenant que je le connaissais déjà par cœur, je voulais savoir à qui était attribué celui de cette « Mme Woold » de fiction. Il était crypté, c'était une clé qui pouvait m'ouvrir une autre porte. Qui se dissimulait sous le nom de code WAG. 10.17 ?

Je suis remonté au début du microfilm. Une notice, en tête de l'annuaire, indiquait aux nouveaux usagers

« comment il faut se servir du téléphone », en rappelant les « règles à observer par tous les abonnés ». « Assurez-vous de l'exactitude du numéro d'appel. Ne vous fiez pas exclusivement à votre mémoire ; elle peut être infidèle. Ayez toujours sous la main un bloc-notes et un crayon. » J'étais prêt à suivre toutes ces recommandations, comme si elles devaient me permettre d'atteindre plus sûrement mon but. La recherche m'a pris du temps, mais je ne voulais écarter aucune piste. Le classement alphabétique ne servait à rien : il n'y avait pas de « Woold » en dehors du roman. J'ai dû reprendre un à un tous les noms des abonnés au téléphone parisien, en 1932, dans le désordre, avec le numéro qui leur était attribué, comme dans un annuaire inversé. Les colonnes défilaient. Il m'a fallu plus de deux heures pour découvrir que WAG. 10.17 correspondait à celui de « Mme Bailly (S.), 22, rue Fourcroy, 17ᵉ ».

Le nom ne signifiait rien. C'était celui d'une inconnue. Mais que pouvais-je attendre d'autre ? Aucune révélation dans ce quasi-anonymat, si ce n'est que Leïlah Mahi n'avait rien inventé, elle avait seulement introduit dans son récit quelqu'un qui pouvait être une de ses amies qui habitait près de chez elle, à quelques mètres de là, chez qui elle se rendait régulièrement, pour y prendre le thé — fumer l'opium — ou partager un amant.

En sortant de la bibliothèque, je me suis rendu avenue de Wagram. Métro Place des Ternes. Avant même d'arriver au numéro 24, j'avais déjà compris. Du 24 au 28, les immeubles avaient été entièrement détruits. Ils étaient remplacés par une immense façade moderne de dix étages. Les boutiques d'A. Loiseau, maroquinerie-voyage, et Simone-Simon, modes, avaient cédé la place à un grand magasin Décathlon, « le spécialiste du sport ».

Pour rêver la vie de Leïlah Mahi, en visite, il restait le 22, rue Fourcroy, chez son amie, « S. Bailly ». S comme Suzanne, Sonia, Sylvie… L'adresse était à son seul nom, elle aussi. Des femmes seules. Des femmes entre elles ?

L'immeuble était toujours là, en pierre de taille, à l'angle de la rue Rennequin. Il avait été construit en 1900. La date était gravée au-dessus de la porte avec le nom de l'architecte. Encorbellements sculptés. J'ignorais l'étage où elle demeurait. L'ascenseur, m'a dit le gardien qui habitait ici depuis trente-cinq ans, avait été changé, mais il en existait un à l'origine. Grand luxe, confort. Porte vitrée de fer forgé. Hall d'entrée en marbre et miroirs. Des intérieurs bourgeois, cossus, feutrés. Celui de Leïlah Mahi leur ressemblait-il ? Escalier de service pour les domestiques et les livraisons. Maîtres d'hôtel. Valets de chambre, qui ne voient rien, n'entendent rien, ne disent rien. S. Bailly était-elle une mécène, entourée d'artistes, ou une cocotte, entretenue par un banquier ? On devait donner là des soirées dans de grands salons illuminés — ou recevoir plus clandestinement, l'après-midi, au fond d'un boudoir. Vies secrètes. Conversations étouffées. J'en étais réduit, comme toujours, à scruter une façade, à rester sur un seuil infranchissable et à espionner derrière des vitres.

J'ai trouvé depuis des cartes postales de « l'ancien Paris » représentant l'avenue de Wagram « au début du siècle ». On y voit une colonne Morris, des bancs, vides, l'édicule d'une vespasienne, un tramway, des fiacres tirés par des chevaux, quelques voitures automobiles, des passants — ses contemporains. Ils sont peu nombreux. Peut-être en a-t-elle croisé certains en partant, chaque matin, faire sa promenade au bois de Boulogne. Chapeaux, cannes et robes encore longues. Au fond, l'arc de triomphe de l'Étoile, de profil. Les arbres ont toutes leurs feuilles. C'est une belle journée de début d'été. Les ombres s'allongent. La plupart des autres immeubles sont restés en place. Sur le mur aveugle de l'un d'eux, une publicité peinte pour BYRRH L'AMI DES FAMILLES. La salle du théâtre de l'Empire, au numéro 41, entièrement refait au début des années vingt, était devenue la propriété d'Alexandre Stavisky en 1932. On y donnait, paraît-il, les plus beaux spectacles de Paris, des ballets, des opéras, des opérettes, des revues. Elle était située juste en face de chez elle, sur le trottoir opposé. Ce sont ces lumières qu'elle voyait s'éclairer, chaque soir, depuis ses fenêtres du troisième étage.

Sur une des photos, prise légèrement en contrebas, à la hauteur du Céramic Hôtel, bien reconnaissable avec ses ornements Art nouveau, on distingue nettement la façade du numéro 24. Le store d'une des deux boutiques, au rez-de-chaussée, est baissé et masque l'enseigne. Est-ce celle d'A. Loiseau ou de Simone-Simon ?

Une boutique de « Maroquinerie et articles de voyage » se trouve aujourd'hui à Cordes-sur-Ciel dans le Tarn au nom d'Aurélie Loiseau. A-t-elle un rapport avec « A. Loiseau, maroquinerie-voyage » qui était installé en 1932 au numéro 24 de l'avenue de Wagram ? La même enseigne. Est-ce une coïncidence ? Quelle probabilité y a-t-il pour que le nom, l'initiale du prénom et la raison sociale d'une petite entreprise se retrouvent tels quels, absolument identiques, mais dans un autre lieu, à l'autre bout de la France, à six cents kilomètres et quatre-vingts ans de distance ?

J'ai écrit, inutilement, à cette adresse. Qu'est-ce que j'espérais ? Recevoir une ancienne photo de la devanture du magasin ? de la façade de l'immeuble, où l'on verrait une ombre se profiler derrière les fenêtres du troisième étage ? ou simplement la confirmation que le passé est à portée de main ? Aurélie Loiseau est-elle la petite-fille, l'arrière-petite-fille de l'ancienne propriétaire « A. Loiseau » du 24, avenue de Wagram spécialisée dans la maroquinerie et les articles de voyage ? Je ne calcule pas les années. Il me suffirait de voir les yeux qui ont vu les yeux qui ont vu Leïlah Mahi… Peut-être m'a-t-on pris pour un fou, ou un fantôme échappé des années trente.

À la fin du mois d'août, trois nouvelles réponses d'administrations me sont parvenues. L'une de la Société des gens de lettres, Hôtel de Massa, 38, rue du Faubourg-Saint-Jacques. « J'ai le regret de vous informer que le nom de Leïlah Mahi ne figure pas dans notre fichier. » Elle était signée de son président, J.-C. B. Une deuxième, dans des termes semblables, m'apprenait que « les Archives de Paris ne conservent pas le document dont vous nous avez demandé reproduction ».

La dernière provenait de la mairie du dix-septième arrondissement, celui où résidait Leïlah Mahi, et à laquelle je m'étais adressé en premier.

Paris, le 21 août 2012
Service de l'état civil
16, rue des Batignolles 75017

Monsieur,

Vous avez sollicité la délivrance d'un acte de décès concernant

Madame Leïlah Mahi

décédée le 12 août 1932 à Paris

J'ai le regret de vous informer que les recherches effectuées selon vos indications sur les registres de la mairie du dix-septième arrondissement de Paris se sont révélées infructueuses

— à la date indiquée

— aux tables annuelles et décennales

Je vous prie de croire, Monsieur, à l'expression de ma considération distinguée

Pour le maire d'arrondissement
et par délégation
le Fonctionnaire Municipal Délégué
dans les fonctions d'état civil
Frédéric R.

La formule « Recherches infructueuses », soulignée, était également tamponnée en travers de la lettre qu'elle semblait barrer de rouge.

De ce côté-là, je piétinais. Et j'étais toujours sans nouvelles du concessionnaire.

Chaque livre est une lettre adressée poste restante. Il renferme un nom codé, une phrase secrète, un message crypté, destiné à être déchiffré par un seul lecteur. Simple clin d'œil, confidence masquée ou règlement de comptes. « S. Bailly », nom palimpseste de « Mme Woold » dans *La Prêtresse sans dieu* répondant à « WAG. 10.17 », était-elle une amie ou une rivale de Leïlah Mahi ?

Il y a quelques années, j'ai consacré deux livres à essayer de voir ce que cachaient les adresses ou les numéros de téléphone des personnages de romans donnés par leurs auteurs de manière anodine, avec une apparente désinvolture, comme de simples *effets de réel* (« allez-y voir vous-même, si vous ne voulez pas me croire ! » disait Lautréamont) et qui ouvrent souvent sur une autre réalité plus intime, derrière lesquels se dissimulent parfois des bribes d'autobiographie. On écrit toujours à mots couverts.

Dans *Un amour sans paroles*, je racontais l'enquête que j'avais menée pour reconstituer la vie de Suzanne Grandais, première vedette bien oubliée du cinéma français.

Je m'étais en grande partie appuyé sur un témoignage de première main provenant des archives Gaumont, le récit dactylographié — un exemplaire unique miraculeusement conservé — de l'un de ses premiers jeunes admirateurs qui en était tombé follement amoureux, l'avait croisée quelques fois sans jamais lui parler, avait conservé toute sa vie sa passion muette au point de devenir le propriétaire de la petite stèle commémorative qui avait été érigée sur le lieu du décès accidentel de l'actrice, en 1920. Il s'appelait André Desmottes. J'avais cherché à retrouver sa trace par tous les moyens, puis, découvrant qu'il était lui-même mort quelques années plus tôt, en 1987, celle d'un membre de sa famille, de ses amis, ou de personnes qui l'auraient connu puisqu'il n'avait pas eu d'enfants. J'ai écrit à différents organismes de la ville où il avait fini ses jours, fait passer plusieurs annonces sous forme d'« avis de recherche » dans la presse régionale, envoyé des dizaines de lettres aux « Desmottes » répertoriés dans les annuaires pour n'obtenir que quelques réponses, souvent émouvantes, parfois cocasses, d'homonymes. Pour préserver sa mémoire et par un scrupule sans doute excessif — dans sa longue confidence amoureuse il insistait sur sa discrétion — j'ai décidé de ne le désigner que par une initiale et en modifiant encore son prénom par souci d'euphonie. Il était devenu « Jean D. ». En publiant mon livre, j'espérais, sans vraiment y croire, avoir des nouvelles, moins de « Jean D. » — ce recours-là, je l'avais épuisé, mais qui sait ? — que de Suzanne Grandais dont d'autres chercheurs ou des collectionneurs — pour ce qui était des héritiers, je les avais rencontrés — auraient pu conserver des documents, comme des lettres ou des photographies. Elle, du moins, avait été une star comme on ne disait pas encore à l'époque.

Or, une semaine à peine après la sortie du livre en librairie, j'ai reçu un coup de téléphone d'une femme qui venait juste d'en terminer la lecture, avait trouvé mon numéro dans l'annuaire et pris la liberté de m'appeler pour me dire qu'elle avait bien connu « Jean D. » en ajoutant aussitôt, face à mon incrédulité et à ma stupéfaction : « Il s'appelait en réalité André Desmottes, n'est-ce pas ? » J'étais bouleversé.

Gisèle N. était une femme âgée qui se déplaçait difficilement, avec une canne, mais elle avait toute sa mémoire et un visage radieux soigneusement maquillé quand je me suis rendu chez elle sur son invitation, et nous avons fêté cette rencontre tellement improbable avec du champagne et des petits fours qu'elle avait achetés pour l'occasion. Mon message, sous la forme d'un nom masqué, lancé à l'aveugle, enfermé dans un livre, était arrivé jusqu'à elle. Quelle chance avait-il d'atteindre son but, un destinataire que je ne connaissais pas ? Il n'y avait même aucune raison qu'elle s'intéresse *a priori* à mon livre. Elle se l'était procuré sitôt après avoir lu dans son journal le compte rendu d'un critique littéraire où le nom de Suzanne Grandais, dont elle n'avait vu aucun film, lui avait rappelé André Desmottes.

Elle l'avait connu à la bibliothèque municipale du douzième arrondissement dont elle avait été la directrice. Ils avaient sympathisé grâce à leur goût commun pour les livres. Leur relation était devenue suffisamment intime pour qu'il lui révèle ce qu'il y avait de plus secret en lui et lui donne à lire son fameux manuscrit — elle était la première personne à qui il le confiait — qu'elle avait donc eu entre les mains avant qu'il n'arrive jusqu'à moi.

« Peut-être attendait-il plus de moi, qu'il avait une idée derrière la tête, m'a-t-elle dit sans sourire, je ne sais pas, mais je ne lui ai rien accordé. » Il était quand même venu dîner plusieurs fois chez elle, et s'était assis dans le fauteuil que j'occupais en ce moment où, après des mois d'une poursuite sans succès, j'avais donc fini par le rattraper. Nous avons parlé pendant des heures, le champagne lui tournait un peu la tête, et nous n'en revenions pas, l'un et l'autre, de cet invraisemblable rendez-vous fixé par un fantôme.

Nous nous sommes écrits régulièrement pendant les mois qui ont suivi. Ma dernière lettre était restée sans réponse. Un an plus tard, j'ai été prévenu de son décès par l'un de ses cousins. Il avait trouvé mon nom et mon numéro de téléphone dans son carnet d'adresses. En écrivant aujourd'hui le nom de Leïlah Mahi, c'est encore à Gisèle N. que je pense.

Je ne savais plus où m'adresser, j'étais condamné à attendre des réponses aux lettres que j'avais envoyées et qui sans doute ne m'apprendraient rien de plus. Certaines parfois me revenaient, surchargées de ratures ou de tampons. « Retour à l'expéditeur ». « Parti sans laisser d'adresse ». Et toujours ces mêmes « Recherches infructueuses ». L'été, les administrations sont paresseuses ou en congé. Je m'énervais contre le concessionnaire qui ne réagissait toujours pas. Lui avait-on bien fait suivre ma demande ? L'avait-il déchirée ? Quel secret cherchait-il à dissimuler ? La chaleur m'irritait davantage. Une enquête devient vite obsessionnelle, surtout quand elle n'avance pas. J'imaginais un complot du silence. Pourquoi « A. Loiseau » n'avait-elle pas répondu à mon message, ne serait-ce que pour me signaler une fausse piste ? Comment se faisait-il que le dépôt légal n'ait pas cherché au moment de la publication à obtenir au moins sa date de naissance auprès de l'éditeur Louis Querelle ? Je m'entêtais. Pour tromper mon exaspération et mon désœuvrement forcé, je me suis fixé comme objectif de dépouiller systématiquement toute la presse quotidienne au moment de sa mort. Le moteur de recherche que j'avais lancé une première fois pour balayer d'un seul coup tous les journaux n'avait donné aucun résultat. Peut-être était-elle passée au travers des mailles du filet ?

Pendant des jours je me suis plongé jusqu'au vertige dans *L'Écho de Paris*, *Le Figaro*, *Le Matin*, *Le Petit Parisien*. Semaine du 12 août. J'allais d'abord vers les nécrologies, les hommages, la rubrique du « monde des lettres ». Les faire-part de décès, peu nombreux, étaient réservés à quelques personnalités en vue. Je jetais au passage un coup d'œil sur les autres articles. Les gros titres. « Le président de la République M. Albert Lebrun en visite à Longwy pour l'inauguration du monument à la Défense Nationale. » Les faits divers. « Attaques nocturnes » et « Accidents de la rue ». Les Parisiens aimaient se faire peur, chaque matin, en voyant à quoi ils avaient échappé de justesse pendant leur sommeil.

Très vite, j'ai été certain que je ne trouverais rien. Mais j'ai continué, pour remonter le temps, qui m'aspirait, je me laissais porter. À défaut de la voir, perdue dans cette foule, je lui tournais autour, je découvrais ce qu'elle avait vu, la vie au jour le jour. Les journaux me restituaient l'actualité en direct, encore imprévisible, me faisaient entrer dans la tête et le corps des lecteurs anonymes, je partageais leurs sensations, leurs soucis, leurs craintes, leurs petites joies, leurs rêves. Qui avaient été les siens. Que s'était-il passé le 12 août, en 1932 ? Comment étaient Paris, les gens, à quoi pensaient-ils ? Je pouvais encore essayer de m'approcher d'elle en écoutant la rumeur de ce dernier jour. Un peu de sa vie, à travers celle de ce monde disparu, m'était rendu.

J'ai tout appris sur ce 12 août 1932. Tout enregistré, de la première à la dernière ligne, petites annonces et publicités comprises, jusqu'à l'hallucination. L'encyclopédie d'une seule journée, presque heure par heure. J'étais devenu un passant comme un autre.

Il avait fait une chaleur étouffante, ce jour-là. Les unes affichaient sur plusieurs colonnes la première préoccupation des Parisiens : « 33°4 à Paris. Jusqu'où ne montera pas le thermomètre ? Depuis deux jours, la capitale est une fournaise. » Avec quelques solutions pratiques pour s'en protéger. « Si la chaleur vous accable, le RICQLÈS vous soulagera. » À moins que vous ne préfériez vous réfugier « au cinéma des Champs-Élysées RÉFRIGÉRÉ » où le plus grand film de l'année *L'Homme que j'ai tué* continue sa brillante carrière ».

La politique suivait son cours. « L'empereur Bao Dai est reparti pour l'Annam, salué à son embarquement à Marseille par M. Albert Sarraut, ministre des Colonies. » « Nos troupes poursuivent leur progression au Maroc. » Pendant qu'en Allemagne « Hindenburg repousse les exigences d'Hitler, M. von Papen et le général von Schleicher ont averti le chef des nazis que la moindre tentative d'insurrection serait impitoyablement réprimée ». On cherchait à se rassurer.

Le film de la vie passait sous mes yeux, dans son désordre apparent, par bribes, sur tous les tons. « Les Parisiens désertent la capitale pour villégiaturer sur les plages à la mode. » « Le prix du pain va baisser de 0fr.25 par kilo. » « Avenue du Roule, à Neuilly : Dans un café, une femme tire sur le garçon de l'établissement qui avait tenu sur elle des propos désobligeants. » « Migraines ? Névralgies ? Douleurs rhumatismales ? La POUDRE KAFA vous soulagera. » « Une infirmière s'empoisonne au Père-Lachaise. » « Le pickpocket du métro a été arrêté hier. » « Avant chaque repas un verre de QUINTONINE - 4f.95 le flacon. » « Rue Saint-Charles, XVè : Une femme égorgée à coups de rasoir par son mari. » « NUITS DE FOLIES AUX FOLIES-BERGÈRE. » « Une mère se jette avec son enfant sous le métro à la station Porte de Clignancourt. » « *L'Angélus* de Millet est lacéré au Louvre par un fou. » « Le mystérieux suicide dans un grand hôtel d'une femme trop riche. » « *Sibylle ou le dernier amour*, Chapitre II, grand roman inédit d'Henry Bordeaux (de l'Académie française). » « Offres d'emplois : Dames de compagnie — Gouvernantes d'intérieur — Bonnes à tout faire — Précepteurs — Maîtres d'hôtel — Nurses. » « Au Gaumont Palace : *La nuit est à nous* avec Marie Bell et Jean Murat — *Sous les toits de Paris* de René Clair — *Pas sur la bouche* de Nicolas Rimsky (séance de minuit) — *La femme en homme* avec Carmen Boni et Armand Bernard — Chaque soir 2 grands films pour le prix d'un seul. »

Leïlah Mahi allait-elle au Gaumont Palace ? aux Folies-Bergère ? au musée du Louvre ? S'inquiétait-elle de l'arrivée au pouvoir d'Hitler ? de l'avancée de nos troupes au Maroc ? Avait-elle fréquenté, à deux pas de chez elle, le bar sanglant de l'avenue du Roule ? Connaissait-elle Charlotte Tardy,

« femme trop riche », toxicomane, qui s'était tiré un coup de revolver dans la bouche, « par lassitude de vivre », au quatrième étage de l'hôtel Amstel, rue de la Bienfaisance ? Lisait-elle le feuilleton (à suivre) *Sibylle ou le dernier amour* dans *Le Figaro* ? Prenait-elle le métro ? Avait-elle eu affaire au pickpocket ? Souffrait-elle de la chaleur ? de névralgies ? Était-elle allée « villégiaturer » sur les plages à la mode ?

Elle était seulement morte ce jour-là, dans l'indifférence de l'actualité. Ce n'était sans doute pas une star, pas même une fausse gloire éphémère. Elle n'avait été qu'une figurante, anonyme, comme les autres. Mais je vivais avec elle son dernier jour.

Paris le 9 septembre 2012
Mairie du 8e arrondissement
3, rue de Lisbonne 75008

Madame, Monsieur,

Vous avez sollicité du service d'état civil de la mairie du 8e arrondissement la délivrance d'un acte de décès de :

Mahi Leïlah décédée le 12 août 1932

J'ai le regret de vous informer que les recherches effectuées selon vos indications se sont révélées infructueuses.

Je vous prie de croire, Madame, Monsieur, à l'expression de ma considération distinguée

Pour le maire d'arrondissement
et par délégation
le Fonctionnaire Municipal Délégué
dans les fonctions d'état civil

La signature était illisible. Mais on avait ajouté, cette fois à la main, dans la marge : « Nous vous conseillons de vous rapprocher de la mairie du 1er arrondissement qui centralise les recherches d'actes pour toute la commune de

Paris. Joignez une enveloppe affranchie à votre nom pour la réponse. »

J'avais déjà écrit aux services d'état civil des vingt arrondissements, élargissant mes requêtes en m'éloignant peu à peu des mairies proches de son domicile. Les retours me parvenaient en ordre dispersé réduisant un peu plus chaque fois mes chances. Rien ne disait qu'elle était morte à Paris. Son corps avait pu être ramené ensuite au Père-Lachaise pour y être incinéré. Il ne devait pas y avoir beaucoup de crématorium à cette époque en province. Et pourquoi pas l'étranger ? Où avait été enregistré son décès ? Le mois d'août était la période des « villégiatures ». Était-elle à ce moment-là, comme la Claudia de ses romans, dans une « 11 CV », sur la route de la Riviera ou de la côte normande ?

Au mois d'octobre 2012, j'ai fait la connaissance de Christine C., une femme peintre. Sur son site, elle se présentait comme « Une Américaine à Paris ». Parmi les différents tableaux de son catalogue mis en ligne, figurait une « huile sur papier, format 41 × 65 cm », datée de 2005 et intitulée « Leïlah Mahi ».

Ce sont les couleurs, éclatantes, qui m'ont le plus surpris. La manière rappelait Van Dongen. Ou Modigliani. Elle se détachait sur un fond rouge, strié de brun sur le côté. C'était à la fois elle et une autre. Le visage, déformé, était plus mince, très allongé, anguleux, et redressé. Quelques motifs clairs ornaient le turban, bleu vif, lumineux, une rose brun-rouge avait été ajoutée, piquée sur le côté gauche. Elle était habillée, portait une robe de la même couleur que le turban, faite de voiles légers qui couvraient ses épaules, ses bras, masquaient sa poitrine. Mêmes bracelet et colliers. Même position de la main. Des yeux très noirs, charbonneux, lui donnaient un air tourmenté. Et la faisaient paraître aussi plus âgée. Le genre tireuse de cartes, un peu sorcière, une voyante au fond de sa roulotte. Il manquait juste la boule de cristal et les arcanes du Tarot.

J'ai écrit aussitôt à Christine C. avec, à nouveau, un léger sentiment de dépit. Je voulais en savoir plus sur ce qu'elle avait pu apprendre à son sujet. Et sur le sort qu'elle lui avait réservé. J'avais l'impression encore une fois d'arriver trop tard et de m'être fait voler. Mais de quoi ? Nous avons échangé plusieurs messages. Elle était originaire de Detroit, me disait-elle, avait découvert Leïlah Mahi il y a plus de vingt ans, quand elle s'était installée à Paris. Elle a accepté, après quelques réticences, de m'ouvrir son atelier, rue Leriche, dans le quinzième arrondissement. Un peu méfiante, elle aussi.

Son appartement, au sixième et dernier étage sans ascenseur, était formé de plusieurs chambres de bonnes réunies. Une photo de Kiki de Montparnasse était accrochée sur sa porte au fond du couloir, comme un autoportrait peut-être. Quand elle m'a ouvert, ses yeux clairs se sont braqués sur moi, ils ne m'ont pas quitté pendant toute ma visite. Que cherchait-elle à lire en moi ? Large visage souriant, cheveux blond-roux, coupe au carré, la coiffure de Kiki, en effet. Petite, une tunique, un pantalon large, des vêtements amples et souples qui bougeaient dans l'air. Elle n'avait pas perdu son accent. Dès l'entrée, j'ai vu des tableaux partout, sur les murs, de haut en bas, ou rangés dans des cartons à dessins, par terre. C'était petit, mais chaque objet était à sa place. « C'est parce que je savais que vous veniez, d'habitude, tout est en désordre. » La première chose qu'elle a tenu à me montrer, c'est sa fenêtre ouverte sur Paris, qu'elle domine dans un vaste panorama. On apercevait la tour Eiffel, le dôme des Invalides — les « inne-valides », comme elle disait —, et, au loin, le Sacré-Cœur.

Elle m'a fait faire le tour des pièces, avec un bref commentaire devant chacune de ses œuvres exposées. C'était Paris, surtout, mais aussi Prague, Saint-Pétersbourg, Amsterdam, Berlin. Des rues, des ponts, des bars, des escaliers, des murs couverts de vieilles affiches. Oui, elle était très influencée par Van Dongen, Modigliani, Bonnard, Kisling, les années vingt, Montparnasse. Elle se disait nostalgique de cette époque. On n'était pas très loin de La Ruche, passage de Dantzig, qui abritait encore des artistes. Elle aimait se promener dans les rues avec son appareil photo, observer, faire des repérages. Ça la dégourdit, me dit-elle, sinon elle reste enfermée ici. Tous les lieux étaient soigneusement indiqués. Rue des Archives. Rue Dauphine. Passage de la Petite-Boucherie. Les toits sont sa passion, c'est pour cela qu'elle a choisi d'habiter ici, tout en haut, malgré l'escalier. Fenêtres mansardées, cheminées, balcons, gouttières, couvertures de tuiles, d'ardoises, de zinc. Elle travaille aussi à partir de vieilles photographies en noir et blanc de Brassaï, de Willy Ronis, de Doisneau ou d'anonymes, chinées dans les boîtes des puces et sur les quais. J'ai reconnu la fille au billard russe, à Montmartre. Des portraits de la môme Bijou, les doigts boudinés couverts de bagues. Colette, à sa fenêtre sur les jardins du Palais-Royal, Dora Maar dans son atelier, Dorothy Parker, Suzanne Valadon, Youki, ou Kiki.

Surtout Kiki. L'égérie du Montparnasse des Années folles. C'est vrai qu'elle lui ressemble. Elle s'est un peu identifiée à elle. Paris, les cafés, les peintres, elle était le modèle fétiche des artistes. « Mettre des couleurs, c'est commencer à inventer, dit-elle. J'ai besoin que ça raconte une histoire. » Elle ne veut pas peindre trop souvent de portraits, ils sont envahissants, trop présents. On n'échappe pas à leurs regards.

Dans la petite pièce qui lui servait d'atelier — avec vue sur la cour, de ce côté-ci, mais c'étaient toujours des toits — palettes et pots remplis de pinceaux étaient posés à même le sol. Des cadres retournés. Il n'y avait pas la place d'installer un chevalet. Elle avait fixé sur un mur une grande toile cirée, toute bariolée de restes de couleurs, la même depuis vingt ans. Elle peignait dessus, avec un système de fixation pour attacher ses supports, papiers, toiles, cartons, bois, parfois du verre.

C'était là que se trouvait le tableau de Leïlah Mahi, celui de 2005, toute bleue, que j'avais vu sur son catalogue. Avant que je la contacte, elle ignorait qu'un lien dirigeait les visiteurs du cimetière vers son site. Elle est allée voir ce qu'ont écrit les blogueurs, cela lui a déplu. « Ils manquent de tact, de délicatesse, vous ne trouvez pas ? » Elle ne savait rien à son propos, pas même sa date de naissance, a-t-elle ajouté d'elle-même, sans que je le lui demande, c'est mieux ainsi. « Mais vous aussi, vous vous l'êtes accaparée, lui ai-je dit, vous en avez fait quelqu'un d'autre. — Oh, si peu, et puis ça a changé au cours des années… » Elle avait peint depuis un autre portrait, en 2010, qu'elle est allée chercher et a placé à côté du premier. Et même un troisième, plus ancien, qui datait de 1992, qu'elle avait vendu mais dont elle conservait la photographie dans son ordinateur. Elle me l'a montré : il est peint à l'intérieur d'une vieille fenêtre ouverte qu'elle avait récupérée et dont les montants servaient de cadre. Le portrait occupait la partie centrale. On pouvait la fermer, comme dans un triptyque. Leïlah Mahi à sa fenêtre. L'acquéreur ne connaissait pas la photo du columbarium. Je lui ai demandé ce qui l'intéressait dans ce visage. « Elle ressemble à Kiki… en plus élégante… » Et pourquoi elle avait choisi de l'habiller. Du cou jusqu'aux poignets. Elle était pourtant nue, sur la photo. « Ah, non, elle porte une robe… je vous assure… une robe du soir, décolletée. »

Leïlah de Montparnasse… Elle avait pu s'asseoir à la terrasse du Dôme, du Select, de la Rotonde, passer ses nuits au Jockey, danser le *shimmy* au Jockey, rencontrer Marcel Duchamp et Bronia Perlmutter, être, elle aussi, la dernière amante de Radiguet, ou celle de Kiki… Ils étaient tous venus au 31 *bis*, rue Campagne-Première, chez Man Ray. Photos de groupe, sur les marches de l'escalier, dispersés dans l'atelier. En cherchant bien, on pourrait peut-être la retrouver parmi ces têtes d'un soir, ou comme modèle, anonyme, sur un tableau de Foujita ou de Soutine. Beaucoup d'Américains fréquentaient le quartier. Berenice Abbott. Gertrude Stein. Hemingway. Leïlah Mahi n'avait pas été aussi sage que Christine C. paraissait le croire, ou ne voulait pas le voir. On s'échangeait les filles. Kiki était toujours entièrement nue sous sa robe, et n'hésitait pas à la relever en passant entre les tables, au café, pour le plaisir, ou pour faire la manche…

Les trois tableaux étaient très différents, ils s'éloignaient de plus en plus du modèle. Trois visages, trois âges. Manège des identités. Tourniquet des personnages. Le plus ancien, presque pastel, portait l'inscription « Leïlah Mahi 1932 », presque comme sur la case du columbarium. Le deuxième avait conservé seulement le nom, complet. Le dernier, celui de 2010, n'avait plus aucun titre. « Je l'appelle simplement *Leïlah* dans mon catalogue. » Juste un prénom. Celui d'une adolescente. Elle paraissait beaucoup plus jeune, les traits étaient moins marqués, l'expression plus douce, le cadrage resserré, le turban était devenu un voile qui retombait sur un côté. Elle n'avait plus rien de commun avec la femme fatale du cimetière. Un air candide, romantique. Presque son opposé.

Un détail avait changé. Toujours cette main, qui m'avait déjà frappé. L'image semblait inversée. Comme vue dans un miroir. La main droite était devenue la gauche, c'était elle maintenant qui était levée, et s'inclinait horizontalement. La position des doigts aussi était modifiée. « Si vous regardez bien, dit-elle, vous verrez que c'est un collage. La main est prise à un tableau de Balthus, je ne me souviens plus lequel, je l'ai découpée sur l'affiche d'une exposition qui lui était consacrée, j'ai repeint dessus, on voit à peine la différence des textures… mais c'est une pièce rapportée. »

Comme je lui demandais si elle avait voulu accorder une signification particulière à ce changement, elle a paru surprise, m'a répondu que non, elle n'y avait pas même prêté attention. Elle l'avait peint de mémoire sans avoir la photo sous les yeux, qui n'était plus qu'un souvenir, elle ne la regardait plus, d'ailleurs, elle n'en avait pas besoin, l'avait entièrement intériorisée. Je lui ai fait remarquer pourtant que l'index se détachait à présent, il semblait nous montrer quelque chose, qu'on ne voyait pas, hors champ, sur la gauche, comme si la jeune fille voulait nous indiquer une direction… À moins qu'il ne s'agisse d'une figure qu'elle esquissait, un signe emprunté au langage des sourds-muets. La lettre d'un alphabet gestuel. Un code secret, peut-être. Mais non, a-t-elle dit, ses tableaux n'ont pas de sens particulier…

J'ai pris en photo les trois portraits. Le plus ancien sur l'écran de son ordinateur était pâle, déformé, un peu flou. Elle a promis de me l'envoyer en fichier. Les deux autres étaient à vendre, 145 et 250 euros. Elle vivait assez bien de son métier. Je lui ai demandé de poser à côté de Leïlah Mahi, mais elle a refusé, même de dos. Elle n'aimait pas se montrer, se regarder, ni les autoportraits. Elle en avait peint un seul, on n'y voyait que ses yeux, découpés, en amandes, sur une étroite et longue lame de bois, rien que des yeux, « c'est tout ce que j'ai de beau », a-t-elle dit en riant. J'ai pensé à ceux de Nadja. *Les Yeux de l'artiste*, c'était son titre, sur fond de toits parisiens, la nuit. Christine C. était chaleureuse, mais réservée, et pudique.

Elle m'a proposé de boire un jus de fruits. Nous sommes restés accoudés à la fenêtre de la salle de séjour. Je lui ai dit qu'elle portait le nom d'un héros de Balzac, celui d'un savant à la « recherche de l'absolu », ce qui l'a fait sourire. Sa famille était originaire de Hollande. Le pays des peintres. Comme son père. Elle s'est mise à se raconter peu à peu. Sa mère, toute jeune, avait vécu à Paris. Elle l'avait très peu connue, elle avait quatre ans quand elle était morte. Le premier voyage qu'elle avait fait, ici, à dix-sept ans, était une sorte de pèlerinage sur ses traces. Dès qu'elle était arrivée, elle s'était précipitée sur le pont des Arts, le cœur du monde, le pont des amoureux. Ce n'était pas encore la mode d'y attacher un cadenas en signe de fidélité. Je n'ai pas osé lui demander si sa mère ressemblait à Leïlah Mahi.

Elle était hantée par les morts, lisait attentivement chaque jour les faire-part de décès dans le carnet du *Monde*, se promenait souvent dans les cimetières. Ses deux parents ont été incinérés, elle a l'habitude, cela ne la gêne pas. C'est au cours d'une de ses visites au Père-Lachaise qu'elle avait découvert Leïlah Mahi, il y a longtemps, au moment de son installation à Paris. Comment aurait-elle pu ne pas la remarquer ? Il était inévitable qu'un jour ou l'autre elle la croise, « nous étions faites pour nous rencontrer ». Ses amis lui reprochaient d'avoir des goûts morbides, « moi, je ne trouve pas », et elle a ri encore. Il n'y a rien de triste dans tout cela. Elle a vu l'exposition sur « le dernier portrait » au musée d'Orsay, les masques mortuaires, la salle dédiée à l'Inconnue de la Seine, la jeune noyée au visage de plâtre, elle connaissait le livre que je lui avais consacré, m'a avoué que c'est pour cela qu'elle a donné suite à mes messages et a accepté de me recevoir. « Vous ne l'abîmerez pas, n'est-ce pas ? »

Une exposition de ses dernières œuvres était prévue à l'automne, rue Saint-Louis-en-l'Île, galerie Amyot, elle m'enverra une invitation pour le vernissage. Peut-être d'ici là aura-t-elle eu le temps de peindre un nouveau portrait de Leïlah Mahi. Elle pourra l'appeler simplement « L.M. », cette fois. Pourquoi n'en ferait-elle pas toute une série ?

Sur le seuil de la porte, avant que je ne parte, elle m'a encore retenu un instant : « Si, au cours de votre enquête, vous apprenez quelque chose, si vous découvrez qui elle était, vraiment — je veux dire : quelle a été sa vie et pourquoi elle est morte si jeune —, ce sera inutile de me le dire. Je ne tiens pas à apprendre quoi que ce soit sur elle. » Elle a insisté. « Qu'elle conserve sa part de mystère, je préfère ne rien savoir, m'en tenir à mes rêves. »

Sur la photo du columbarium, elle ressemblait plus à une actrice de cinéma qu'à une « femme de lettres ». Elle me rappelait les portraits publiés chaque semaine hors texte dans la revue *Mon Ciné.* Même cadrage, mêmes lumières, même attitude. Avec un faux air de Greta Garbo dans *La Chair et le Diable.* N'était-ce pas dans cette direction qu'il fallait encore chercher ? J'ai passé des heures à feuilleter d'anciens numéros inutilement. Je me suis tourné vers les archives du Centre national du cinéma de Bois-d'Arcy, mais le directeur du service avec lequel j'étais en relation depuis des années n'a rien trouvé non plus dans ses fichiers. « Cela ne doit pas vous décourager, m'a-t-il dit. Elles changeaient toutes de noms à l'écran. » Il m'a conseillé d'aller voir André B. « Vous le connaissez. Il est l'homme du dernier recours. »

Écrivain, documentariste, scénariste, réalisateur, auteur de chansons — pour les plus grands, d'Édith Piaf à Ingrid Caven —, doué d'une mémoire prodigieuse, André B. connaissait par cœur le cinéma de cette époque, image par image. Je l'avais rencontré dix ans plus tôt quand il m'avait ouvert les portes des archives Gaumont-Pathé. Maintenant âgé de plus de quatre-vingt-cinq ans mais toujours actif, il continuait de restaurer des films. Sa vraie vie, il la passait dans ces années qui précédaient sa naissance, et qu'il revisitait, au quotidien, à travers le Paris de Léonce Perret, de Louis Feuillade, ou de Jean Durand. Pour lui, en devenant parlant, le cinéma s'était définitivement compromis et avait perdu son aura. Homme des arrière-plans, son nom, en fin de générique ou au dos de vieilles pochettes de disque, passait inaperçu. Ne m'avait-il pas confié un jour : « Si quelque chose doit rester de moi, ce seront mes chansons. Vous verrez cela, vous, après ma mort. Je continuerai de vivre sur quelques notes de musique, qu'on sifflote, machinalement, sans savoir qui en est l'auteur… Des mots effacés, quelques bouts de rimes, un simple refrain, ce sera mon destin d'incognito… » Et il s'était mis à chanter, d'une voix légère, infiniment douce, très juste et très pure, tellement surprenante venant d'un si grand corps :

Moi je suis l'amateur d'ombres
L'explorateur des décombres
Le croiseur du grand vide
L'amant de la pénombre…

Je savais où le trouver. Il passait maintenant la plupart de ses soirées et ses week-ends à une table qu'on lui réservait à la brasserie Wepler, place Clichy. C'était un bon poste d'observation. Il venait là travailler, lire, rêver, « recevoir » comme chez lui, ou, plus exactement, pour fuir la minuscule chambre de bonne qu'il habitait, à deux pas, rue des Dames. Il s'y faisait même adresser son courrier, les garçons lui servaient de boîte aux lettres. Je l'ai reconnu de loin, à son chapeau à larges bords dont il ne se séparait jamais.

Assis sur une banquette, il occupait la plus grande table, dans le recoin, côté café, près de la vitre, avec deux paires de lunettes empilées l'une sur l'autre, penché sur de larges feuilles qu'il prenait dans le sens horizontal et couvrait de son énorme écriture. Mal rasé, en costume de gros velours noir et chemise rouge vif, large d'épaules, massif, il avait quelque chose d'un vieil ogre fatigué. On ne savait jamais à quoi s'attendre avec lui. Ombrageux ou jovial, taciturne ou volubile. Mais toujours théâtral. Il n'a pas paru surpris de me voir, comme si nous nous étions quittés la veille, m'a tendu la main. La table était couverte de carnets, de journaux, d'une paire de ciseaux, d'un bâton de colle, d'une demi-bouteille de pouilly et d'une assiette d'huîtres — à cinq heures de l'après-midi.

« Un verre de vin ? Non ? Alors un café allongé — si vous n'avez pas changé vos habitudes », m'a-t-il dit en ôtant ses lunettes et rangeant ses papiers dans un dossier cartonné orné d'une ancienne vignette de « Radio-Paris ». Était-ce le titre de son prochain livre ? Il aimait la provocation. « Ce sont mes "Mémoires", fit-il avec une moue ironique, c'est ridicule n'est-ce pas. Déjà plus de deux mille pages que personne ne lira. Des histoires de coulisses. Je *les* tiens tous au bout de mon stylo. Mais il faudrait pouvoir tout dire, vous comprenez, vraiment *tout* dire… » Son œil pétillait d'une férocité narquoise. « J'entretiens ma haine… » À qui pensait-il ? André Derain, Marcel L'Herbier, Serge Lifar, Corinne Luchaire… Il les avait tous connus, souvent côtoyés, parfois plus.

Je lui ai montré la photo de Leïlah Mahi. Il s'est redressé sur la banquette, a remis ses deux paires de lunettes. Scruté le visage. Retourné le cliché. « D'où cela vient-il ?… Non, ne me dites rien… Ce n'est pas un photogramme, ni un tirage de plateau… Un portrait du studio Lorelle, certainement, on ne s'y trompe pas. » C'était presque un défi que je lui lançais.

« Morte en 1932, dites-vous… Vous avez regardé dans les revues ? À la Bibliothèque du Film ? » Il cherchait dans ses souvenirs. « Je n'en vois qu'une… Votre Leïlah Mahi, c'est Daïnah Zirka… À moins que ce ne soit l'inverse, mais qu'est-ce que ça change… ? » En était-il certain ? « Je vous montrerai d'autres photos. C'est son portrait craché. » Je savais qu'il était inutile de le contredire, on ne l'arrêtait plus lorsqu'il était lancé. Sa langue a glissé sur ses lèvres avec gourmandise. La vie avait encore un sens puisque nous étions là, tous les deux, à remonter le temps. « Revenons à nos chères années vingt… »

« Daïnah la métisse, c'est comme cela qu'on l'appelait. Je comprends que vous n'ayez rien trouvé. Elle n'a pas eu de chance, n'a tourné qu'un seul film, *La Morsure*, de Marie-Louise Iribe. Dont il ne reste que des bribes. Jamais remonté. Avec Habib Benglia. Une production Phocéa. En

26, ou 27. » Il souriait. « Ça ne vous suffit pas ? Je peux vous retrouver aussi le nom du décorateur, si vous voulez… » Elle aurait pu être une des plus célèbres si le sort ne s'était pas acharné contre elle. Peut-être l'égale d'une Gloria Swanson ou d'une Carole Lombard. Mais à sa sortie, la cinéaste avait désavoué son film en raison des coupures que la censure y avait apportées. Avec la première scène de nu intégral. On l'avait retiré de l'affiche. Après sa mort, son amant, ou sa maîtresse — on n'était sûr de rien avec elle —, avait cherché à récupérer toutes les copies existantes pour les détruire.

Le film était adapté d'une nouvelle de Pierre Benoit, m'a-t-il dit. Il racontait l'histoire d'une « riche étrangère » aux origines douteuses et à la réputation scandaleuse, qui donnait un bal masqué dans sa luxueuse villa, et qu'on retrouvait, le matin, noyée dans sa piscine. Une autre « inhumaine », comme on en avait tellement vu dans ces années-là, entourée de soupirants extasiés. Il avait été tourné à La Victorine, dans la banlieue de Nice.

Ces studios de La Victorine, je les avais visités il y a quelques années. Rebaptisés Studios de la Riviera, ils ne servaient plus, déjà, rarement, que pour des spots publicitaires ou des épisodes de séries télévisées. Je me suis rappelé le gardien, dans une petite cabane, à l'entrée, qui en interdisait l'accès. Fidèle à son poste, il veillait sur des hectares d'allées défoncées et de bâtiments laissés à l'abandon. J'avais pourtant réussi à le convaincre de m'y laisser pénétrer. Je m'étais promené pendant des heures sans rencontrer personne parmi les restes d'une cité dévastée, que sa population semblait avoir quittée précipitamment, chassée par on ne sait quel cataclysme. À côté d'immenses hangars modernes en zinc, déserts, subsistaient les vestiges effondrés des années vingt. Des entrepôts, portes ouvertes à moitié pourries et vitres brisées. Des plaques métalliques tordues traînaient dans la poussière, sur lesquelles on devinait encore les lettres SV dessinées en arabesques. Une piscine vide, aux parois lépreuses couvertes de champignons. Était-ce celle de *La Morsure* ? Sous un palmier étique, desséché, la grue de *La Nuit américaine* de Truffaut, seule, oubliée, comme une pièce de musée. Un immense terrain vague écrasé de lumière, rendu au silence, et au chant des cigales.

André B. a gobé une dernière huître, il a fait signe au serveur de débarrasser l'assiette, et s'est essuyé le front avec une serviette en papier. « Où en étions-nous ? » Et il a repris son récit, sans hésitation. La suite de sa carrière n'avait pas été plus heureuse. En 28, elle avait été appelée par Hollywood, un contrat était déjà signé avec la MGM pour un *Samson et Dalila* quand, à la veille de son embarquement, on lui a annoncé qu'il était rompu en raison de ses « origines ». De sa race, si vous préférez. Ils avaient pris leurs renseignements. On n'aimait pas beaucoup les « nègres », les « métèques », les « femmes des îles », ni les « Levantines », comme elle, qui restaient invisibles sur les écrans. On préférait grimer nos acteurs pour incarner des Bédouins, des sultans ou des pêcheurs d'éponges. Que, dans ce rôle, elle ait été une femme riche et insolente était une provocation de plus adressée au public parisien. Et le parlant lui a été fatal, comme à bien d'autres. Elle avait un fort accent. Mais impossible de savoir lequel. On n'a jamais entendu sa voix. Jean Grémillon a bien essayé de lui donner un rôle sur mesure, sans trop de dialogue, elle aurait pu même rester muette, mais c'était trop tard, le public voulait entendre du « bruit », quitte à ne rien comprendre... Le film devait s'appeler *Les Mascareignes* ou quelque chose comme cela, on a même pensé la doubler, mais les producteurs ne l'ont pas suivi. Elle était déjà cataloguée dans les « femmes dangereuses ». Une légende noire se répandait sur son compte. Ses excentricités et ses caprices agaçaient. On l'accusait d'être droguée, alcoolique ou lesbienne. Certains prétendaient même qu'elle collectionnait les poils pubiens de ses amants, et amantes, soigneusement rangés dans des enveloppes à leur nom... Les moins méchants racontaient qu'en réalité elle n'aimait ni les hommes ni les femmes, mais seulement ses poupées, rescapées de son enfance — avec lesquelles elle dormait...

André B. s'est interrompu à nouveau pour boire une gorgée de vin. Un peu plus loin, sur la banquette, deux femmes, côte à côte, parlaient sans se regarder. Étaient-elles seulement en train de s'écouter ? Il a eu un hochement de tête ponctué d'un petit rire désabusé.

« Vous devriez regarder dans le journal de Julien Green, les souvenirs du réalisateur Henri Fescourt, aussi, ils en parlent un peu... » Enfin, tout cela n'avait duré que deux ou trois ans, jusqu'à sa mort. Un accident d'automobile, une voiture de sport, modèle torpédo, qu'elle conduisait elle-même, à la barrière d'un passage à niveau, en arrivant à Trouville. Un amas de ferrailles tordues. Comme Isadora Duncan, Suzanne Grandais, Janie Marèse et Jayne Mansfield… L'automobile aura joué un grand rôle dans le cinéma, pour signer des morts tragiques. Le dernier paraphe. De toute façon, sa vie était brisée. Pensez que ce beau corps qui a excité tant de convoitises a été entièrement écrasé, déchiqueté, elle était défigurée… On ne l'a identifiée que trois jours plus tard, grâce à sa voiture. » Il avait fallu faire des recherches le long de la voie ferrée sur plusieurs centaines de mètres. C'était sans doute pour cela qu'elle avait été incinérée.

André B. a fini le fond de son verre et est resté silencieux. Il était fasciné par ces carrières ratées. En existait-il de réussies ? Un peu cynique. Le talent gâché par la bêtise, les rivalités ou les jeux du hasard. Elles le confortaient dans son pessimisme. La « carrière prometteuse » de Daïnah-Leïlah, la métisse, se réduisait à quelques mètres de pellicule nitrate en train de se décomposer au fond d'une boîte d'archives et à deux livres épuisés qui moisissaient sur un rayonnage de la Bibliothèque nationale de France.

« Vous n'avez pas vu *La Morsure* — ou ce qu'il en reste ? Elle est magnifique… Et je ne parle pas seulement de son corps. Son jeu est déjà très moderne. Quel gâchis… Impossible d'en tirer quoi que ce soit. Il y a longtemps déjà, j'ai utilisé quelques images pour une soirée consacrée au premier cinéma érotique, au festival de Pordenone. Hedy Lamarr dans *Extase*, vous vous souvenez ?… Une anthologie des meilleures scènes du muet. La plupart inédites. Le public des amateurs et des historiens qui assistait à cette projection n'aura connu que son tour de hanches… Voilà tout ce qu'on retiendra d'elle… Et c'est resté confidentiel. On n'en a même pas tiré un DVD. »

Une femme âgée, très maigre, décharnée, est passée près de notre table. Elle était entièrement vêtue de noir, portait un turban, d'énormes lunettes teintées, ses pommettes, fripées, étaient maquillées de mauve, ses paupières de bleu et ses lèvres épaisses de rouge vif. Un vrai masque. Elle marchait lentement, avec application, à petits pas, dans un pantalon de soie impeccable mais beaucoup trop grand pour elle, en se tenant bien droite. Un jeune homme aux cheveux coupés très court et coiffés en brosse la suivait, portant un minuscule chien frisé dans les bras. Elle s'est arrêtée devant nous.

« Bonsoir, André. »

Il s'est levé, s'est découvert, a claqué les talons, lui a baisé la main.

« Bonsoir, Rose. »

Le jeune homme nous a fait un signe de la tête. Un des garçons en tablier blanc leur a tenu la porte, ils se sont éloignés sur le trottoir, ont disparu dans la foule.

En se rasseyant, André B. a poussé un soupir. « Vous voyez cette femme… Rose. Elle vient ici tous les jours prendre le thé avec son chien et son mignon. Il y a deux ans, elle jouait encore une mamie dans une série télévisée. À la Libération, on lui a tondu le crâne… Ce n'est pas tout à fait une momie, mais elle a l'âge d'avoir connu votre

Leïlah Mahi… Peut-être même l'a-t-elle croisée un jour, par ici… Eh bien, dans les années trente, elle dansait à moitié nue, pailletée d'or, un faisceau de plumes dans les fesses, en vedette aux Folies-Bergère… »

Il a commandé une nouvelle demi-bouteille de pouilly, est resté un moment le regard perdu. Continuait-il d'imaginer à sa manière le destin de Leïlah Mahi ? Il était tombé sous son charme, à son tour. Je lui ai demandé : « Êtes-vous sûr qu'il s'agit bien d'elle, Daïnah Zirka ? » Il m'a répondu sans me regarder : « Est-ce tellement important ? Elle ou une autre… Cela nous permet de rêver… La vie n'est pas si drôle. » Il a encore ajouté : « Mais pourquoi vous intéressez-vous à elle ? » Et il s'est mis à fredonner :

Moi je suis l'amateur d'ombres
L'explorateur des décombres
Le croiseur du grand vide
L'amant de la pénombre…

Au carrefour des imaginaires, je m'étais mis à rassembler peu à peu les pièces d'un puzzle dépareillées. Pris dans un carnaval d'identités, je dressais le catalogue de ses différentes incarnations. Pour le moustachu à la Dalí, c'était une danseuse orientale qui avait fini en fait divers. Thomas en avait fait le masque de Rachel, un amour perdu. Christine C. lui avait donné des allures de voyante, un faux air de Kiki, et la forme d'un triple autoportrait. André B. m'avait entraîné dans ses rêves muets en croyant que c'étaient les miens — peut-être pour les révéler. Leïlah dans tous ses états, en noir ou en couleurs. Autant de faux-semblants.

Ils n'étaient pas les seuls. Je voulais les passer tous en revue. Compiler. Étiqueter. Classer. Établir une recension exhaustive. Pourquoi ne pas me contenter d'un répertoire? J'ai continué de consulter le site du cimetière mais les admirateurs de Leïlah Mahi n'avaient fait aucune nouvelle découverte « preuve à l'appui ». C'était son nom, maintenant, que j'avais pris en filature, et qui, de lien en lien, me menait de manière aléatoire d'un site à un autre, parfois sans rapport avec elle, où je tombais sur des messages improbables :

« Je m'appelle Leïla Mahi. Si d'autres filles portent aussi ce nom (j'en ai déjà rencontré une, à l'école), qu'elles se fassent connaître, nous pourrions faire un groupe » (post-mortem. skyrock.com).

Leïla — sans *h* — pensait-elle fonder une association, un collectif d'homonymes — ou un groupe de rock ?

David Plaisance, un auteur de bandes dessinées à l'invention gothique, la représentait dans une peinture postée en ligne parmi d'autres femmes nues, l'une en armure (était-ce Jeanne d'Arc ?), une autre en squelette drapé d'une soierie étoilée.

Un plasticien d'origine hongroise, Kamill Major, qui avait habité « pendant des années à côté du Père-Lachaise », avait exposé sa photo, anonyme, en très grand format dans l'abside du prieuré Saint-Pierre de Pont-Saint-Esprit, en 2011.

« Farandole » — quel internaute se cachait derrière cet *alias* ? était-ce un homme ou une femme ? — racontait dans les « Dernières pages retrouvées du journal de Leïlah Mahi » (dont il prétendait posséder des centaines de feuillets) ses nuits dévastées dans les bars lesbiens de Paris, Le Henry's, Le Récamier, La Boîte à Fursy, aux côtés de Mireille Havet. N'ai-je pas failli me faire prendre moi aussi, comme en témoignaient certains « commentaires » ajoutés en réponse par des blogueurs, à ce document apocryphe où l'on croyait entendre sa voix ? Je pioche quelques extraits dans ces prétendues confessions : « La guerre a fauché tous mes amis d'enfance. Combien en sont revenus ? Une génération perdue. Quelle vie normale pouvions-nous avoir !

Nous étions déjà pleins de morts, la tête remplie de fantômes. Les femmes, mes sœurs, ont eu, avant d'avoir atteint l'âge de raison, le cœur brisé. Comment faire confiance aux hommes ? Vous avez fait de nous des inverties. [...] Non, vous ne m'enfermerez pas dans vos cures, vos familles, vos lois. Vos vices sont mes vertus. Je suis définitivement mal élevée. [...] Morphine, cocaïne, héroïne : laquelle de mes trois ennemies préférées me tuera la première ? Petites fées grises qui m'accompagnent et me sauveront de l'infamie. Je connais la dose. La vie est une escroquerie. »

Quelles voies — qui ne menaient nulle part — n'ai-je pas empruntées... J'ai même appris l'existence d'un institut de beauté « Leïla Mahi » rue Rodier qui, vérification faite sur place, était plutôt un salon de massage exotique « sans tabou », était-il précisé, à 80 euros la séance d'une demi-heure, premier prix. J'ai cédé à la tentation, ce jour-là, de pousser la porte pour voir à quoi ressemblait cette Leïla Mahi — peut-être l'ancienne amie d'école de la rockeuse ? — mais le nom ne tenait pas ses promesses et le visage qui m'a accueilli était aussi une fausse piste.

Ce n'étaient que des faux témoins, toujours posthumes, que je rencontrais. Fallait-il que je les fasse parler, tour à tour, en attendant une révélation, une confidence ? Pourquoi l'avaient-ils choisie, elle ? Quelle puissance d'attraction résidait dans ce regard ? Elle était moins un fantôme elle-même que celle qui disposait du pouvoir de les convoquer. Et que venais-je faire dans ce jeu de rôles ? Je m'égarais dans un labyrinthe où je m'étais enfermé et dont je ne trouvais pas l'issue. Où était passée Leïlah Mahi ? Le fil de mes recherches s'était rompu. Le concessionnaire qui était la seule personne à pouvoir me donner de ses nouvelles ne me répondrait plus. J'avais abandonné tout espoir de ce côté-là. Pourquoi l'avais-je senti d'emblée comme hostile ? Cherchait-il à la préserver, à la protéger de tous ces admirateurs ? Le secret n'était-il pas simplement celui de son intimité ? J'ai repensé à la jeune employée du service de la conservation. Peut-être aurais-je dû, dès le premier jour, prendre contact secrètement avec elle, l'attendre à la sortie pour tenter de la convaincre, de la corrompre, en lui demandant de me recopier son nom et son adresse. Était-il seulement en vie lui-même ? Existait-il encore un concessionnaire ? Qu'advient-il quand tous les héritiers ont disparu à leur tour et qu'une case est abandonnée ?

Et si, moi aussi, je n'avais été victime que d'une mystification, réussie, celle-là ? Tout me passait par la tête. J'en suis venu à penser que la case 5011 au columbarium du Père-Lachaise pouvait n'être qu'un leurre. Une case vide, factice. Et Leïlah Mahi un personnage qui n'avait pas attendu les contributions de ses admirateurs pour avoir été inventé de toutes pièces. Man Ray et ses amis surréalistes avaient imaginé d'autres canulars.

Une mise en scène, cette photo de star à laquelle un modèle anonyme pouvait avoir prêté ses traits. Des faux, ces deux romans qu'Aragon ou un autre aurait écrits sous ce nom d'emprunt. C'était bien dans leur genre. En laissant çà et là quelques indices trompeurs. Tout me semblait suspect. Qui se cachait derrière cette imposture poétique ? « L.M. », une nouvelle Rrose Sélavy ? Qui avait été l'inspiratrice de « Claudia » ? Il n'était pas si difficile de faire incinérer un fantôme. Ni de falsifier des archives. Il suffisait d'une petite équipée nocturne, à deux ou trois, des fossoyeurs de l'invisible, pour s'approprier l'une des nombreuses cases ouvertes, en attente. Qu'y trouverait-on, si on l'ouvrait ? Un loup noir ? Une poupée russe — ou de chiffon ? La signature des faussaires ? Ses deux romans, apocryphes ? Leïlah Mahi n'était-elle qu'un collage, un cadavre exquis grandeur nature. Un miroir à fantasmes. Sa vraie vie n'aurait été qu'imaginaire et posthume.

Il s'est passé des mois, entre lassitude et déconvenues. J'avais fini par ranger sa photo avec mes dossiers, sans parvenir pourtant à l'oublier tout à fait. Après l'enquête qui tournait court, il aurait fallu encore me lancer dans une autre enquête tout aussi hasardeuse, cette « navigation sans boussole » à travers l'écriture — vers quel but ? Et par quels moyens ? Un récit ? À la première ou à la troisième personne ? Un simple procès-verbal pour collationner ce que j'avais ramassé ? Les mots se dérobaient — ou bien c'était moi qui m'escamotais, une fois de plus. Avais-je perdu le désir ?

Mais en novembre 2013, presque un an après la disparition de JB, un éditeur ami m'a demandé un court texte pour un petit livre à tirage confidentiel, hors commerce, destiné à être offert à quelques proches. Il me laissait, lui aussi, « carte blanche ». Aussitôt j'ai pensé à elle. J'ai saisi l'occasion qui m'était donnée de solder mes comptes, en trois pages (4 000 signes, c'était le format imposé). Des années d'obsession, des mois d'enquête, des dizaines de brouillons raturés, pour un résultat de quelques lignes qui ne m'ont jamais coûté autant d'efforts. Mais je l'avais enfermée dans un écrin de beau papier, du Tintoretto Gesso 250 grammes, c'était ma façon de l'estampiller à mon nom. Le livre est paru en décembre sous le titre *L.M.* accompagné d'une reproduction de la photo de Leïlah Mahi. Il a été repris en revue quelques mois plus tard. Je n'y change rien.

Columbarium du Père-Lachaise.
Galerie extérieure.
Portique nord.
Case 5011.

Est-ce l'éclat sombre de la passion ou celui de la folie qui brille au fond de ses yeux ? Deux grands yeux maquillés d'un cerne ténébreux, aux prunelles hypnotiques, qui me fixent, me fascinent, m'attirent irrésistiblement, comme une phalène. Des yeux si larges, brouillés de fièvre, en noir et blanc. Et cette imperceptible ironie sur ses lèvres.

Ses épaules insolentes sont nues et sa poitrine, découverte, se perd dans l'ombre. Peau blanche, veloutée, sensuelle, peluchée par le temps, qui s'étale sous les feux de la rampe. Coiffée d'un turban, elle porte les cheveux courts, à la garçonne, noirs, c'est une *scandaleuse* des Années folles. Quel âge a-t-elle ? Une trentaine d'années peut-être. Le grain de beauté piqué sur sa pommette accroche mon regard. Sa main droite aux longs doigts passés dans un collier à double rang est fléchie et reste suspendue en l'air dans un geste machinal de désœuvrement — ou de coquetterie. Un geste inachevé, d'une nonchalance calculée, faussement désinvolte, qui me fait signe, par en dessous. Elle joue. Provoque.

S'offre, et se retire. Masquée. Elle m'arrête au passage. Racolage nocturne dans les allées d'un cimetière. Rendez-vous clandestin. Pour quelle cérémonie secrète ? Bientôt elle s'évanouira comme un reflet en faux jour que j'aurais cru voir. Son regard ardent dérange le rituel et l'ordre des morts. Les autres à ses côtés, figés dans leur médaillon et leurs décorations, graves, corsetés, endimanchés, ont des têtes de condamnés. Elle seule est vivante, tellement présente, au milieu de ce défilé funèbre.

LEÏLAH MAHI 12 AOÛT 1932

Est-ce elle qui a choisi de se mettre en scène ? De se poster ici en sentinelle du désir ? Devant quel objectif a-t-elle posé ? Celui du studio Lorelle, qui estampillait les vedettes ? Elle me regarde, et je voudrais tout connaître de ses pensées, de ses amours, brûlés, de ses vies, trop brèves. Leïlah Mahi. Elle était ce qu'on appelait alors une Levantine. D'où venait-elle ? D'Algérie, du Liban — ou de Montmartre, en princesse orientale de contrebande ? Comment a-t-elle payé sa liberté à rebours et le défi de ce regard impérieux ? Au fond d'un asile, comme Nadja, aux « yeux de fougère » ? Ou broyée, défigurée, dans l'amas des ferrailles tordues et calcinées de sa Bugatti 35 ?

Desnos aurait pu faire de ses yeux un poème, Cocteau un dessin, Chanel un parfum. Peut-être a-t-elle servi de modèle à Man Ray, Modigliani ou Tamara de Lempicka. Allait-elle chercher ses rêves dans l'opium, allongée des nuits entières sur un divan, ou préférait-elle se suicider, au jour le jour, par petites doses, à l'héroïne ? Combien d'hommes en plastron et torpédo se sont ruinés pour elle ? A-t-elle dansé, nue, en fausse Javanaise, sur la scène des Folies-Bergère ? Espionné en coulisses ? Chanté au Vaudeville ? Est-ce elle qu'on a trouvée dans sa loge, assise devant son miroir, le corps soigneusement découpé de la gorge au pubis — et dont l'assassin court toujours ? Comment était sa voix ? Le grain de sa peau ? La cambrure de ses reins ? Quel était le goût de sa bouche ? Était-elle une maîtresse d'Alexandre Stavisky ou de Natalie Barney ? Une *inhumaine* habillée d'un drapé de couleur par Poiret ou une midinette en chapeau cloche de la rue de la Paix ? Était-ce une vamp du cinéma muet qui continue de jouer ici son dernier rôle, sans générique ni sous-titres, devant un public posthume ?

Mais cette photo de star aux lumières compliquées, qui commence déjà à s'effacer, est celle d'une inconnue, disparue sans laisser de traces. Elle a découragé toutes les recherches. Les archives sont fermées, cadenassées à double tour. Les services de la conservation restent silencieux. Et la concession sans héritage. Une vie muette. Hors d'atteinte. Dont je ne saurai rien. Elle n'est qu'un visage — celui d'une icône. Un nom — mais est-ce bien le sien ? Une date — celle d'une mort — sans naissance. Leïlah Mahi. L.M. Une figurante, une simple passante comme celle que l'on croise dans la rue, sur laquelle on se retourne, trop tard, et qui disparaît en emportant avec elle son secret, et nos regrets.

Son visage est un roman — que j'écrirai peut-être un jour.

N'était-ce pas une façon de me défausser ? D'opter, à mon tour, pour un faux-fuyant ? Je ne disais rien de ce qui s'était passé en coulisses. Je mentais à demi, retenais certaines informations, en déformais quelques autres, prises ici ou là, telles qu'elles s'étaient fixées dans ma mémoire.

J'anticipais un échec. La liste de questions et des hypothèses que je formulais était tout un programme d'écriture que je n'étais pourtant pas prêt à tenir. Pas plus que l'éventualité d'une suite, contrairement à ce que je laissais entendre à la dernière ligne. Encore moins sous une forme romanesque. La phrase de conclusion était plutôt une clause de style, purement rhétorique, une façon un peu désinvolte de prendre congé du lecteur et de mon sujet. Je pensais alors que j'en resterais là, à une apparition qui disait une fascination, un bref portrait arrêté au bord du mystère, ou de l'énigme.

Après la publication de chacun de mes livres, je reçois des lettres de lecteurs qui me rappellent, plus que les réactions trop bienveillantes des personnes de mon entourage ou, jusqu'à présent, des critiques littéraires, qu'un public existe, invisible. Je découvre alors avec étonnement que c'est à lui, donc, que, sans y penser, je m'adressais. Je suis toujours surpris que l'on me lise, encore plus que l'on se reconnaisse dans ce que j'écris. Ce sont souvent des compléments d'informations à mes propres enquêtes ou des récits intimes que les miens ont éveillés, en écho. Même s'ils ne s'incarnent pas soudain et d'une manière exceptionnelle comme l'apparition que je n'attendais plus de Gisèle N.

Certains lecteurs sont des commentateurs particulièrement perspicaces. Leurs lettres me posent des questions, me troublent, me dérangent. De véritables exégètes. Au moment où je cherche en aveugle comment rejoindre encore le fantôme de Leïlah Mahi, ce qui me tient à ce point en elle, c'est à eux que je pense.

Charles G., un ami que je vois peu mais de manière attentive chaquc fois, préfère me parler par écrit. Il revient sur nos conversations avec « l'esprit d'escalier » qui nous caractérise l'un et l'autre. La dernière fois que nous nous sommes rencontrés, je lui ai fait part de mon travail en cours. Il m'a répondu longuement quelques jours plus tard. Je passe le début pour en arriver à l'essentiel : « Tu m'appelles le "déchiffreur d'énigmes", tu fais appel à mon supposé "talent", mais comment déchiffrer les tiennes puisque celles-ci résultent toutes d'un savoir qui se dérobe sciemment et d'une science qui recule elle-même le but qu'elle prétend poursuivre ? Ainsi "L.M.", décidément tienne, dans la mesure où le livre (provisoire sans doute) que tu lui consacres consiste principalement dans la liste des questions que te pose, à toi, la photo de la belle endormie.

» Mes questions à moi seraient plutôt d'un cran en dessous : que va donc trafiquer précisément Didier Blonde au Père-Lachaise ? Qu'en a-t-il au juste après ces "jeunes mortes inconnues" — il les faut telles, et "jeunes", et "mortes", et "inconnues" (surtout) ? Et ces recherches "au nom du père" et à son endroit ? Pourquoi, de livre en livre, tant de substituts, sur l'écran, le papier, la pellicule, cette appropriation mélancolique du dépisteur devenu sombre dès qu'il s'imagine en savoir trop, dès que l'acteur se rend, lui confie son histoire, le laisse écrire, quitte les lieux (il faut donc qu'il soit mort, consente à sa mort et décède pour écrire) ? Le nom de sous le nom, qui lui restera tu, quel est-il ? De quoi ne nous souvenons-nous donc à ce point pas assez, je te le demande ? »

À ces questions, que je me pose depuis longtemps sans les formuler aussi nettement, qui me renvoient à moi-même, je me dis que si j'avais la réponse je cesserais d'écrire.

Trois livres en effet que je consacre à des femmes, « jeunes », « mortes » — et « inconnues » comme tous les morts qui disparaissent en emportant avec eux leurs secrets. Suzanne Grandais, une actrice de cinéma dont personne ne se souvient ; l'Inconnue de la Seine, aux yeux clos, dont le masque de plâtre garde l'empreinte d'un sourire de Joconde, énigmatique ; Leïlah Mahi, une simple photographie, des yeux de braise. Avec elle, m'étais-je dit, ce sera la dernière, pour une trilogie. Et j'en aurai fini. Suzanne, au rire éclatant, morte défigurée, le visage broyé dans un accident de voiture, à vingt-sept ans ; l'Inconnue, noyée, suicidée, plus jeune encore, quinze ans peut-être, au visage trompeur qui n'est pas celui des morts, épouvanté, ignoble, que j'ai vu sur les photos conservées dans les archives de l'Institut médico-légal de cette année-là ; de quoi peut être morte Leïlah, à trente ans, si ce n'est d'une tragédie, comme les autres ? Trois Parques.

Pourtant, elles sont différentes. Elles disent la même chose, mais pas de la même manière. De l'Inconnue, transfigurée dans son moulage de plâtre reproduit à des milliers d'exemplaires comme autant d'œuvres d'art, je ne connaîtrais jamais le vrai visage. Elle n'a pas été photographiée, ni morte, ni vivante. La salle de projection où je retrouve

Suzanne est bien, elle aussi, comme un cimetière ou une morgue, le royaume des morts, mais pour une résurrection mécanique et perpétuelle. C'est là qu'elle reprend vie chaque fois sur l'écran, qu'elle bouge, dans la lumière et le vent, s'agite, parle — elle est très bavarde —, il me suffit de tendre l'oreille pour l'entendre, derrière la vitre. Si elle meurt, ce n'est qu'une fiction, elle renaîtra, je le sais, dans un autre rôle, un autre film, à la prochaine séance. Dans la galerie du columbarium, sur sa photo, Leïlah Mahi, elle, reste immobile et muette. Fermée sur elle-même. Sa parole n'est pas silencieuse, ou inaudible, mais impossible, ou interdite. Ce n'est pas moi qui suis sourd, mais elle qui se tait. Seuls ses yeux sont ouverts.

Qu'est-ce qui résiste en elle, ou en moi ? Ces femmes auxquelles je me suis intéressé jusqu'à présent, qu'elles soient inconnues, ou méconnues, toujours mystérieuses, et que je veux détentrices d'un secret, appartiennent depuis longtemps au domaine public. Leïlah Mahi, elle, n'a rien demandé. Son visage n'est pas exposé dans un musée ni sur un écran. Il lui appartient encore. Est-ce qu'en la faisant sortir contre son gré du cimetière où je l'ai trouvée je ne me livre pas à mon tour, comme ses autres admirateurs, à un détournement d'image ? À une falsification ? En me mentant à moi-même ? Qu'est-ce que j'espère trouver en entrant dans sa vie par effraction ? Le Père-Lachaise n'est pas un lieu d'exhibition comme un autre. Mon enquête pourrait bien ressembler cette fois à une profanation.

Dominique B., que je ne connais pas mais qui, je crois, écrit aussi des livres, des articles dans des revues, m'a envoyé de longues lettres à plusieurs reprises. À l'occasion de la sortie d'*Un amour sans paroles*, il revient sur « la question du nom » qui, dit-il, « surplombe tout le reste », « et moins ses variations, ses déformations, les jeux qu'il peut induire, que son inscription dans le temps. En raison d'ailleurs de votre propre nom ». « Je cherche le nom de l'inconnu, écrivez-vous. Cela dit, quand l'auriez-vous trouvé, l'inconnu vous serait-il pour autant dévoilé ? »

Ailleurs, à propos de mes précédents livres sur le cinéma muet et ses acteurs, il écrivait : « Les disparus, les morts ne nous reviennent-ils pas seulement par l'entremise de la parole ? Le vrai revenant n'est-il pas d'abord celui que l'on fait parler ? » Et il terminait une de ses lettres ainsi : « Alors face à l'angoisse du destin tragique de tous ces muets oubliés, voire anonymes (mais quelle différence aujourd'hui ?) dont vous ne cessez de chercher la trace, et qui régulièrement sans doute vous amènent à vous heurter au caractère foncièrement absurde, vain, *fou* de la démarche, je vous vois condamné à déchirer l'écran pour échapper à ce vertige.

» Car vous ne pourrez pas, me semble-t-il, indéfiniment repêcher de l'oubli tous ces disparus du muet, les convoquer en revenants… pour les raviver le temps et l'espace d'un livre. Vous ne pourrez pas, tels ces vampires en noir et blanc, vous nourrir de ces noms oubliés pour donner corps au vôtre. D'une certaine manière, il vous faut prendre la parole afin d'inscrire votre nom par et dans la littérature. *Faire nom.* Voire par la transparence d'un nom, même ou surtout masqué… Jusqu'à lui faire rendre gorge ? L'épuiser ? Parions qu'un roman devrait suivre… dont ce serait la mission, sinon l'argument. »

Sa lettre était signée — volontairement peut-être : « D.B. » Mes propres initiales.

Qu'est-ce qu'un nom dit de nous ? Et d'un écrivain ? N'est-il pas le premier mot de son œuvre, placé en exergue, la clé en tête de la portée ? On prend parfois le mien pour un pseudonyme (quelqu'un l'a qualifié un jour de « nom de cinéma ». Qu'entendait-il par là ?). Peut-on le changer, comme un masque, ou est-il indélébile, comme un tatouage ou une cicatrice ? Tout nom est une fiction, un rôle qu'on nous donne à jouer, dès la naissance, une histoire qu'on se raconte, qu'on veut rendre vraie.

Mon premier roman s'intitulait *Le Nom de l'inconnue*, comme me le rappelait Dominique B. Fallait-il le comprendre comme « l'inconnu dont je porte le nom » ?

Chaque fois que je vois mon nom sur la couverture d'un de mes livres, il me semble le lire comme celui d'une inscription funéraire. Je suis mon nom, plus rien que mon nom, un simple mot, comme auteur — ou comme mort. Un livre n'est-il pas toujours un tombeau, celui d'un disparu — ou de son auteur — une crypte, une chambre secrète ? N'est-ce pas toujours un mort qui parle ?

Ce livre que je ne parvenais ni à écrire ni à quitter était-il infaisable ? impossible ? M'étais-je fourvoyé ? J'avais l'impression que le peu que j'avais appris sur elle me détournait de mon projet. Autant de prétextes pour recopier, rêver, me tenir à distance, m'absenter. C'est à sa photo qu'il fallait revenir, que j'avais fini par ne plus voir et oublier. Je ne l'avais sans doute pas assez regardée, ou pas comme il le fallait. Je ne devais pas me laisser influencer par ce que je savais d'elle. Pas même par son nom. Ce n'était qu'une inconnue, un visage de hasard. Rien qu'une image. Je voulais m'en tenir à ce presque *rien.* À ces yeux ouverts. Et à mon désir qu'elle avait éveillé.

D'où venait cette photo ? Et qui l'avait choisie ? Avait-elle laissé des instructions pour faire de ce portrait son testament ? L'avait-on retirée, retouchée, agrandie exprès au format de sa case ? Ou se trouvait-elle déjà chez elle, telle quelle, encadrée, accrochée sur un mur de sa chambre comme une coquetterie — ou une vanité ?

Fond neutre. Son visage est éclairé par en dessous, de lumières qui se croisent et creusent ses yeux, font saillir la racine du nez, élargissent son visage, masquent de blanc sa joue. Celles d'un studio, sans doute, à moins qu'il ne s'agisse d'un coin de son appartement disposé pour l'occasion.

J'ai imaginé dix fois cette scène. Elle est assise. Légèrement penchée en avant. Le coude posé sur un point d'appui, le bras d'un fauteuil, ou sa cuisse, jambes croisées. Main fine aux longs doigts effilés qui maintient l'équilibre des lignes dans les diagonales du cadre. Le bracelet serré sur l'avant-bras comprime la chair. Les lèvres luisantes, très maquillées. L'épaule se perd dans une estompe, comme si elle était couverte d'une gaze duveteuse.

Cette photo réfléchie, calculée, n'est pas unique, isolée, elle fait partie d'une série, je le vois. D'autres ont été prises ce jour-là. Ou le lendemain. Plus tard encore. Des séances à répétition. Pendant des mois. Des années. Elle en voulait toujours plus, de meilleures. Elle a essayé plusieurs poses, plusieurs tenues, des robes, des fourrures, des coiffures, des chapeaux, des boucles d'oreilles, des parures de bijoux, peut-être faux. Toute une galerie de portraits. Qu'on trouverait dans ses armoires, bien classés. De pleins albums en sont remplis. En pied, en buste, de face, de profil, même de dos, allongée. Dans les tenues les plus diverses. Elle se costumait, se déguisait, changeait de tête et de rôle, se masquait, se dévoilait. Nue peut-être. C'était sa façon à elle de se sentir exister. Démultipliée. Elle se collectionnait elle-même. Sur le modèle de celles de la Castiglione. Cent visages pour un chef-d'œuvre. Tout en elle était fait pour séduirc.

Mais elle n'est pas seule. Quelqu'un était là, devant elle, en contrechamp. À qui s'adresse ce regard ? À un professionnel, du studio Lorelle peut-être comme l'avait identifié André B., qu'elle avait payé pour satisfaire ses exigences en faisant confiance à son talent et à sa réputation. À elle-même comme dans un miroir, feignant d'ignorer l'opérateur. Ou à un amant, anonyme, dont j'avais pris la place. On ne regarde pas avec ces yeux sur commande. Est-ce lui qui l'avait habillée ? Qui la dirigeait ? Avaient-ils fait l'amour ce jour-là après la séance de pose ? Ou l'avait-elle condamné à rester derrière sa plaque de verre à l'admirer, comme un voyeur, sans la toucher ? Avait-elle été sa maîtresse ou seulement son modèle, tyrannique ? Il suffisait de s'approcher, très près, de se coller à l'image, pour voir se dessiner les contours incertains de ce fantôme qui se reflétait, à cet instant, minuscule, au fond de ses prunelles. N'était-ce pas lui qui avait fait sceller sur sa case cette photo dans laquelle il s'était glissé comme un ordonnateur invisible ? Sa signature. Le photographe en abyme. C'était à son désir qu'elle s'offrait, et qu'il répondait.

Fondu enchaîné. Superposition d'images. Je possède une série de portraits au même format, en noir et blanc, et de la même époque, ceux d'une aïeule, qui me font penser à celui-ci.

Ces deux femmes sont différentes mais elles se ressemblent par la lumière qui les entoure (il y a une mode des éclairages qui permet de dater précisément ce genre de photo), par l'attitude convenue qu'on leur a fait prendre (apprêtée et pourtant familière, selon les conventions d'un même protocole en usage dans ce cadre-là), par le grain de l'image qui gomme les ombres, et comme finissent par se ressembler deux femmes, parisiennes, belles, coquettes, du même âge et de la même génération sur lesquelles la patine du temps s'est déposée de manière identique et a marqué les traits. Ce ne sont pas elles qui ont vieilli, mais leurs photos, qui se confondent dans mon esprit.

Elles sont exactement contemporaines. En suivant l'une, je croisais l'autre. Quand j'avais cherché Leïlah Mahi au 24, avenue de Wagram, je n'avais pas pu m'empêcher de vérifier que l'adresse de mes grands-parents, et mon propre nom, se trouvait bien là, à quelques pages près du Didot-Bottin, en 1932. Elles n'habitaient pas loin l'une de l'autre, ont respiré le même air, peut-être avaient-elles des relations communes, et se sont-elles croisées à l'heure du thé dans un salon du Claridge, ou en se promenant un dimanche après-midi au bord du lac Saint-James, dans l'allée des Acacias ou celle des Érables, au bois de Boulogne. Leïlah Mahi ne serait-elle pas toujours celle qui provoque une *fausse reconnaissance* ?

Mon grand-père collectionnait les photos de sa femme, cette aïeule, dont j'ai hérité, sur beau papier, en grand format, tirages artiste, teintés, virés, bleus, verts, rouges, bruns, jaunes, sépia, toute la gamme, sans lésiner, à la recherche peut-être, lui aussi, du portrait parfait, idéal. Il y en avait partout chez lui, dans son dernier appartement où je venais le voir à la fin de sa vie, jusqu'à ces petites photos en pied qui me fascinaient, collées sur de minces feuilles de contreplaqué, découpées soigneusement à sa silhouette pour en faire des figurines qu'il disposait debout sur une cheminée, le dessus d'une commode, comme des bibelots, ou les personnages d'une maquette. Une véritable exposition. Il la filmait aussi, avec une de ces premières caméras d'amateur, et moi qui ne l'ai pas beaucoup plus connue que Leïlah Mahi, je la retrouve chaque fois avec la même émotion sur ces vieilles bobines du Pathé-baby de mon enfance. Sourires un peu figés. Exhibition de toilettes. Décor parisien. Pourquoi est-ce vers ces années dix et vingt — de l'autre siècle, déjà — que je me retourne sans cesse, que je me suis fixé, au point qu'il me semble parfois avoir vécu à cette époque, dont l'une et l'autre sont les témoins, et que je vois par leurs yeux ? C'est de là que je viens. C'est jusque-là que je peux remonter. J'ai l'âge de mes grands-parents. La mémoire familiale se perd, dit-on, après trois générations. Le dernier poilu des tranchées vient de mourir. Il faut faire vite avant que tout disparaisse.

J'ai enrôlé Leïlah Mahi à mon insu dans cette reconstitution de faux souvenirs. Ce qui m'a attiré d'abord en elle, instinctivement, c'est qu'elle était une *figure* du temps. Elle ne déparerait pas dans les pages des albums que j'ai conservés, comme un de ces visages, légèrement en retrait, ou bougés, qui revient ici ou là — une lointaine cousine, une amie peut-être, invitée ce jour-là, à quelle occasion ? était-elle seule ou accompagnée ? qu'est-elle devenue ? — et sur lequel il est trop tard pour mettre un nom.

Mais je m'égare une nouvelle fois. Ce n'est pas un portrait qui a été pris pendant des vacances, au cours d'une soirée mondaine, ou sur un plateau de cinéma. Je ne l'ai pas trouvé dans un album ni dans une revue. Elle me ramène, malgré moi, à la galerie du columbarium, à laquelle elle est attachée. C'est là qu'il faut retourner. À ces petites cases glaciales, indifférenciées, parfaitement alignées qui me mettent tellement mal à l'aise. Ordre géométrique de la mort. Tracé au cordeau. Cases-casiers. Numérotées.

Les tombes, les caveaux à ciel découvert, abandonnés aux chats et aux feuilles mortes, ont quelque chose de plus rassurant. On n'y est pas seul. La famille s'y recompose, lentement rassemblée, pour le meilleur ou pour le pire. Les corps qui y sont déposés vieillissent à leur rythme. Le temps de s'habituer à l'absence. On sait qu'ils sont là, à nous attendre. J'y ai ma place. Mais l'incinération est un procédé de disparition impitoyable qui fait s'évaporer les morts d'un seul coup et escamote jusqu'aux cadavres. Comment croire qu'on peut les retrouver ici ? On ne rend pas visite à ses ancêtres sous les voûtes du columbarium. L'avertissement est répété. « Il est interdit de déposer ou de suspendre toutes compositions florales dans l'enceinte. » Ce n'est pas seulement la case 5011 qui, peut-être, est un leurre. Elles sonnent toutes creux. Elles sont toutes vides. Fermées, séparées, isolées, dispersées. Il n'y a plus personne. Les cendres n'ont pas forme humaine.

Où en suis-je de mes recherches nécessairement infructueuses ? Pour percer quel mystère ? Celui de la mort auquel je me confronte sans cesse ? L'Inconnue de la Seine aux yeux clos semble dormir. Suzanne Grandais continue de rire et de vivre, je crois encore l'entendre. Mais les yeux de Leïlah Mahi, grands ouverts, implacables, m'interrogent comme ceux d'un sphinx. Quelle vérité détient-elle que n'ont pas les autres ? Elle se prépare à mourir. Elle se regarde morte. Chaque photo est un petit suicide. Et s'il n'y avait pas de mystère, pas d'énigme ? Rien qu'une *Prêtresse sans dieu*, gardienne d'un temple déserté. Et si c'était cela, le grand secret ?

Comment alors oublier le regard de mon père, dans cette chambre d'hôpital, à la veille de sa mort ? Était-ce jusqu'à lui que Leïlah Mahi devait me conduire ? Nous étions seuls, tous les deux. Soudain muets. Mais tellement présents l'un à l'autre. Il s'est tourné vers moi. Ses lèvres se sont mises à trembler. Et c'est cette brève faiblesse, chez lui que j'avais toujours connu si fort et inaltérable, ce doute, cette peur, ces yeux pleins de détresse, dans lesquels je me reconnais un peu plus chaque jour, qui me l'ont rendu à jamais si proche. C'est à moi qu'ils étaient adressés. Ils disaient, en silence, *Éli, Éli, lama sabachthani.* Est-ce qu'on ne se construit pas sur ses propres manques ? Je n'écris que pour rattraper une parole retenue, empêchée, perdue. Nous avions mis tellement de temps à nous rejoindre. Et j'ai compris, bien plus tard, pourquoi j'avais intitulé l'un de mes livres « un amour sans paroles ». Nous ne nous sommes jamais autant parlé depuis qu'il n'est plus là.

Au début du mois de mai 2014, j'ai reçu une lettre de la mairie du premier arrondissement qui m'avait pourtant déjà répondu un an plus tôt. Et j'étais certain d'avoir fait le tour des services d'état civil des vingt arrondissements de Paris qui tous, l'un après l'autre, avaient fait état des mêmes « recherches infructueuses ». Mais celle-ci avait suivi un autre cours et des détours. La poste connaît parfois d'étranges retards.

L'enveloppe à en-tête de l'Administration ne faisait pas partie de celles que j'avais jointes à mes envois, rédigées de ma propre main et dûment affranchies au tarif en vigueur. Elle ne contenait qu'un étroit et long ruban de papier dactylographié plié en quatre, aux caractères inégaux, parfois effacés. La simple copie d'un bordereau, sans explication ni lettre d'accompagnement.

MAHI — 1120
Mairie du 5e arrondissement de Paris
Photocopie conforme à l'acte original

Le Fonctionnaire municipal délégué dans les fonctions
d'état civil par le Maire du 5e arrondissement
Ludovic R.

« Le douze août mil neuf cent trente-deux, seize heures, est décédée, rue Geoffroy Saint Hilaire 59, Leïlah MAHI, domiciliée 13 rue Shakespeare à Nice (Alpes Maritimes), née à Beyrouth (Syrie) en septembre mil huit cent quatre vingt dix, femme de lettres ; fille de père et mère dont les noms ne sont pas connus du déclarant, la mère domiciliée à Saint Brévin (Loire Inférieure). Célibataire. Dressé le treize août mil neuf cent trente-deux, onze heures, sur la déclaration de Jean Bernin, quarante cinq ans, employé, rue Lacépède 15, qui, lecture faite, a signé avec nous, Louis Mourier, chevalier de la Légion d'Honneur, adjoint du maire du cinquième arrondissement de Paris. »

J'ai relu plusieurs fois et à haute voix ces quelques lignes chargées de noms, d'adresses, de chiffres, de tous ces renseignements qui m'étaient livrés d'un coup, m'étourdissaient en se bousculant dans ma tête et que je n'attendais plus, pour me convaincre que ce n'était pas une erreur, craignant de ne pas déchiffrer correctement les longues dates écrites en toutes lettres. Son acte de décès était aussi un certificat de naissance. Une autre façon de fermer la boucle, à rebours.

Elle était « née à Beyrouth » — que les aléas de l'histoire, des guerres et de la politique coloniale de cette région du Moyen-Orient situaient en Syrie, on était alors en 1890, avant les grands bouleversements du début du vingtième siècle et le redécoupage de l'Empire ottoman. Sa ville d'origine avait changé de pays. Rien n'indiquait sa nationalité. Quelle identité s'était-elle trouvée ? Était-elle syrienne, libanaise ou française ? Et pourquoi cette adresse qui la domiciliait à Nice ? Avait-elle quitté Paris et l'avenue de Wagram, déménagé dans les derniers mois pour s'établir sur la Riviera ? Était-ce une résidence de vacances ? Logeait-elle chez des amis ? Au 13, rue Shakespeare se trouve encore aujourd'hui le « Palais Ophélia ».

Je calculai les années. Elle avait quarante-deux ans. Ce n'était plus une toute jeune femme. Non, quarante et un, puisqu'elle était née en septembre. Il manquait le jour. Peut-être cela expliquait-il la date incomplète du columbarium. Les archives avaient-elles déjà disparu en 1932 ? Quelqu'un avait-il fait des recherches à cette époque pour retrouver sa trace ? « Célibataire », elle avait été une femme libre. Sans enfants. Et solitaire. Qui l'avait accompagnée au cimetière, avait commandé l'incinération ? Sa mère avait-elle été prévenue de son décès et pu se rendre à son enterrement ? Dans quelles circonstances avait-elle quitté Beyrouth ? À quel âge était-elle arrivée en France ? Avait-elle vécu elle aussi à Saint-Brévin ? Qui avait fourni ces renseignements ? C'était tout ce qui restait de sa vie officielle. Les formalités d'usage avaient été réglées par un fonctionnaire de la mairie, Louis Mourier, assisté de Jean Bernin, qui signait de ses simples initiales, sans doute l'employé des pompes funèbres les plus proches.

Le 59, rue Geoffroy-Saint-Hilaire est l'adresse d'une clinique située à l'angle de la rue Lacépède. En face des grilles du Jardin des Plantes. À deux pas de la Grande Mosquée. Dernier domicile connu. La façade est intacte. Un vieux bâtiment de type haussmannien. Seul l'intérieur a dû être refait, remis à neuf, ainsi que les portes de l'entrée, modernes, maintenant vitrées. Le quartier, avec son air provincial, n'a pas beaucoup changé. En 1932, l'établissement était répertorié dans l'annuaire des abonnés du téléphone comme « Centre chirurgical et obstétrique ». Tél. : GOBelins. 19.01.

À l'accueil, la jeune femme en chignon et blouse blanche qui m'a reçu m'a dit que la personne responsable des archives était en congé pour quelques jours, elle a noté ses références sur une carte de la clinique, m'a souhaité bonne chance pour mes recherches. Les couloirs étaient déserts. Quelques plantes vertes décoraient le hall. Odeur d'antiseptique. Quel type de patients recevait-on ici ?

Je suis resté un moment sur le trottoir à contempler l'immeuble. De quoi pouvait-on mourir à quarante et un ans dans une clinique de la rue Geoffroy-Saint-Hilaire en 1932 ? D'une « longue maladie » ? Claudia, dans ses romans, quelques mois plus tôt, n'en disait rien. D'un accouchement qui avait mal tourné comme pouvait le suggérer la spécialité d'obstétrique ? Ou bien en urgence, pour un accident de la circulation, à ce carrefour ? D'un suicide ? Elle connaissait peut-être quelqu'un qui habitait à proximité. Ou qui travaillait dans l'un des services de cet établissement. Venait-elle ce jour-là de l'avenue de Wagram ou de la rue Shakespeare ? Y a-t-il un secret médical pour les morts ?

Deux semaines plus tard, j'ai reçu un courriel en réponse à celui que j'avais adressé aux services des archives de la clinique.

Paris, le 24 mai 2014

Monsieur,

Je vous informe que nous ne possédons plus aucun document concernant la période dont vous me parlez. Nos archives antérieures à 1950 ont en effet été détruites par manque de place.

Je n'ai par ailleurs aucune information ni qualité pour répondre aux autres questions que vous me posez au sujet de Mme Leïlah Mahi, sur les causes éventuelles de son hospitalisation ou sur le service qui aurait pu l'accueillir.

Je peux seulement vous confirmer qu'au 15, rue Lacépède se trouvait bien à cette époque une entreprise de pompes funèbres, les établissements Tournafol, récemment disparus, dont M. Jean Bernin devait être l'employé chargé, comme c'est habituellement le cas, de la déclaration de décès, à défaut d'un membre de la famille ou d'un proche.

Je regrette sincèrement de ne pouvoir vous aider davantage.

M. Frédéric B.
Assistant de M. Michaël Ch.
Responsable des archives.

À partir de quand décide-t-on de classer une affaire ? Existe-t-il un délai de rigueur ?

Cette dernière pièce, bizarrement, m'a soulagé. Peut-être craignais-je, comme Christine C., qui ne m'avait pas invité à son exposition, ne m'avait plus donné de ses nouvelles et n'attendait surtout rien de moi, de trop en apprendre. Je ne poursuivrais pas l'enquête à Nice, au 13, rue Shakespeare. Il me suffisait de connaître sa date de naissance — à jamais incomplète, qu'elle n'avait sans doute jamais sue elle-même — pour clore la table des matières. Je n'en demandais pas plus.

J'ai transmis la copie de l'acte de décès à la Bibliothèque nationale de France qui a rempli la case vide de sa fiche d'autorité.

Composition Dominique Guillaumin.
Achevé d'imprimer
par l'Imprimerie Floch
à Mayenne, le 17 septembre 2015.
Dépôt légal : septembre 2015.
Numéro d'imprimeur : 88801.
ISBN 978-2-07-010833-6 / Imprimé en France.

291676